AF524059

Eigensinnige Welten

Die Malerin Else Blankenhorn (1873–1920)

Eigensinnige Welten

Die Malerin Else Blankenhorn (1873–1920)

Herausgegeben von Jan Merk
Mit Beiträgen von Ingrid von Beyme, Sabine Hohnholz,
Sabine Kuehnle, Frédéric Letellier, Jan Merk,
Doris Noell-Rumpeltes, Thomas Röske

Markgräfler Museum im Blankenhorn-Palais Müllheim/Baden
in Kooperation mit der Sammlung Prinzhorn Heidelberg

modo

Diese Publikation ist der Kunsthistorikerin Doris Noell-Rumpeltes (1949–2021) gewidmet, die als Leiterin des Hans-Prinzhorn-Archivs in der Sammlung Prinzhorn Heidelberg jahrzehntelang zu Else Blankenhorn geforscht und publiziert hat. Immer wieder von Neuem hat sie sich der Künstlerin angenähert und verschiedene Aspekte und Perspektiven ihres vielfältigen Werkes in den Blick genommen – behutsam, sorgfältig, kritisch und selbstkritisch, jedem vorschnellen Urteil oder Einordnungsversuch abgeneigt.

Inhalt

Vorweg

Thomas Röske / Ingrid von Beyme / Jan Merk

Hundert Jahre nach ihrem Tod zeigt das Markgräfler Museum Müllheim in Kooperation mit der Sammlung Prinzhorn Heidelberg die Ausstellung *Eigensinnige Welten* zur Malerin Else Blankenhorn.

Das umfangreiche künstlerische Werk von Else Blankenhorn kam um 1920 an die Psychiatrische Universitätsklinik Heidelberg, wo 1919 bis 1921 der Kunsthistoriker und Mediziner Hans Prinzhorn (1886–1933) im Auftrag der Klinik eine umfangreiche Forschungssammlung zum Thema „Pathologische Kunst" aufbaute. 1922 erschien seine auf Grundlage dieses Fundus entwickelte Studie *Bildnerei der Geisteskranken*, bis heute ein Klassiker der Kunst von Psychiatrieerfahrenen, immer wieder neu aufgelegt und in mehrere Sprachen übersetzt. In dem Band kommt Blankenhorn zwar nicht vor, ursprünglich wollte Prinzhorn sie aber unter die dort einzeln vorgestellten „Schizophrenen Meister" aufnehmen. Dass es schließlich nur zehn statt zwölf Einzelkapitel wurden und damit auch der Abschnitt über Blankenhorn wegfiel, die die einzige Frau in diesem Kreis gewesen wäre, liegt nicht an einer Geringschätzung Prinzhorns. Im Gegenteil, die beiden herausgenommenen Künstler, neben Blankenhorn war es der ehemalige Uhrmacher Heinrich Hermann Mebes (1842–1918), wollte der Arzt nun monografisch publizieren. Dazu ist es allerdings nicht gekommen, so dass die Bildunterschrift zu einer Illustration seines Aufsatzes *Gibt es schizophrene Gestaltungsmerkmale in der Bildnerei der Geisteskranken?* (1922) die einzige Aussage Prinzhorns zu Blankenhorn geblieben ist. Sein Kommentar zum abgebildeten Geldschein Blankenhorns, „Freie dekorative Komposition mit guter Massenverteilung, durch zahlreiche ähnliche Blätter eingeübt", verrät nicht, was ihn an ihrem Werk interessiert hat.

Prinzhorn führte jedoch zum Inhalt des abgebildeten Aquarells aus, dass es sich um die Darstellung von Engeln handele. Die größere Figur sei die Patientin selbst, umgeben von kleineren Schutzengeln. Blankenhorn glaubte, sie sei von Kaiser Wilhelm II., ihrem „Gatten im Geiste", mit der karitativen Aufgabe betraut, die Ausgrabung und Versorgung verstorbener Liebespaare zu organisieren. Um die Finanzierung dieses Projektes gewährleisten zu können, schuf sie inflationäre Mengen an Banknoten. Mit dem Siegel Deutsches Reich und den Insignien Adler, Krone und Reichsapfel legitimierte sie ihre Kooperation mit dem Kaiser.

Neben dieser „Brotkunst" schuf sie ein komplexes Œuvre aus symbolischen, farbkräftigen Kompositionen, das nicht nur Ernst Ludwig Kirchner zutiefst

beeindruckte, sondern auch heutige Betrachter fasziniert.
Blankenhorns vielseitiges Bildprogramm umfasst heimatlich inspirierte bis abstrakte Landschafts- und Architekturmotive, rätselhaft allegorische Kompositionen, mystisch-religiöse Themen sowie idealisierte Selbst- und Paardarstellungen, die oft von floralen Motiven durchwoben sind. In ihren Werken taucht immer wieder eine kleine Tanne auf, in der die Blankenhorn-Forscherin Doris Noell-Rumpeltes ein Schutzsymbol vermutete. Die Künstlerin Sabine Kuehnle teilte mit ihr die Begeisterung für Blankenhorns Werk und hat dem Tannenbaum-Symbol eine eigene künstlerische Hommage gewidmet.
Die im Markgräfler Museum Müllheim mit biografischem Schwerpunkt von Doris Noell-Rumpeltes, Ingrid von Beyme und Jan Merk konzipierte Ausstellung geht einer für 2022 geplanten, umfangreichen monografischen Präsentation von Blankenhorns Werk in der Heidelberger Sammlung Prinzhorn voraus. Diese Ausstellung wird im hundertsten Jubiläumsjahr des Buches *Bildnerei der Geisteskranken* ausführlich nachholen, was von Prinzhorn selbst nicht mehr realisiert wurde.
Die Ausstellung im Markgräfler Museum ist die erste Einzelausstellung zu Else Blankenhorn. Erstmals werden bisher unbekannte Fotografien und biographische Zeugnisse zur Künstlerin mit einer Werkauswahl in Beziehung gesetzt. Deutlich wird dadurch etwa, wie intensiv sich Else Blankenhorns Naturempfinden bei ihren Aufenthalten in Müllheim entwickelt hat. Darüber hinaus erfüllt die Ausstellung die wichtige Aufgabe, die in der Herkunftsregion ihrer Familie bis heute nahezu unbekannt gebliebene Künstlerin mit ihrem vielschichtigen Œuvre vorzustellen und zugleich dem Tabu der Psychiatrisierung zu entreißen. Blankenhorn zählt heute zu den großen, überaus geschätzten Malerinnen der Art brut und Outsider Art und ist eine für Leihvorgänge häufig angefragte und oft ausgestellte Künstlerpersönlichkeit der Sammlung Prinzhorn.
Wir bedauern sehr, dass Doris Noell-Rumpeltes, deren Lebenswerk die Erforschung Else Blankenhorns war, bei der Realisation der Heidelberger Ausstellung nicht mehr mitwirken kann. Die Ausstellung im Markgräfler Museum, die sie intensiv mit vorbereitete, ist jedoch geprägt von ihrem Geist.

o.T., Öl auf Leinwand, vor 1920, Sammlung Prinzhorn Inv. Nr. 4267

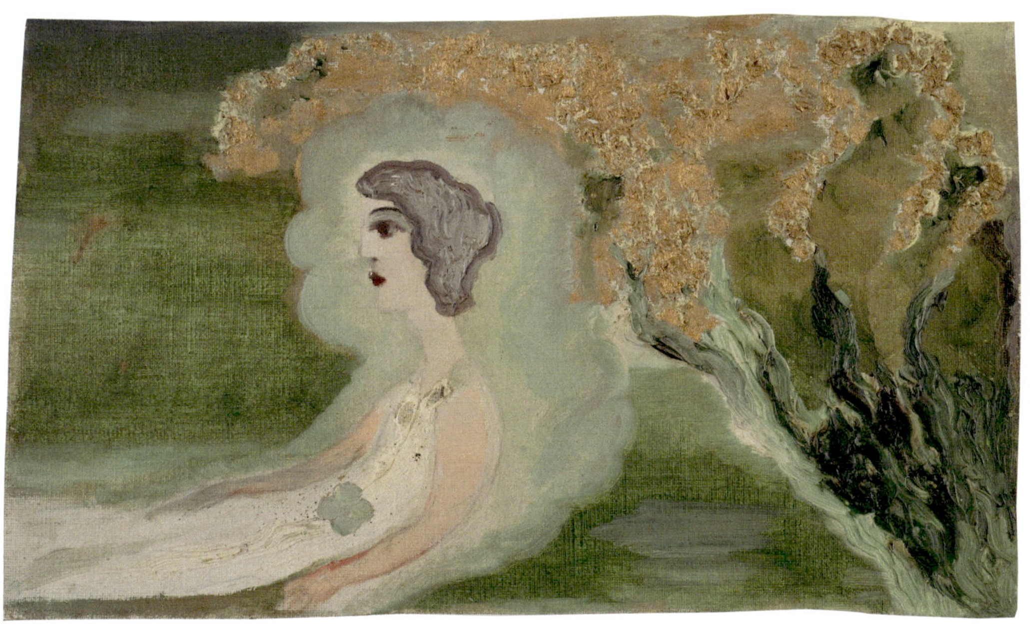

Else Blankenhorn – Vom Projekt der Versöhnung des Unversöhnlichen

Doris Noell-Rumpeltes

Eine grundlegende Arbeit zu Leben und Werk Else Blankenhorns ist 2003 entstanden – kurz davor kam auch der erste Kontakt mit dem Markgräfler Museum zustande. Der hier wiedergegebene Text ist um drei Passagen leicht gekürzt und ohne die beigegebenen Abbildungen abgedruckt. Drei Zwischenüberschriften wurden eingefügt, die Anmerkungen in der Zählung angepasst. Der Auswahlbibliografie ist zu entnehmen, dass sich Doris Noell-Rumpeltes an anderer Stelle mit weiteren Themen, etwa der Faszination Ernst Ludwig Kirchners für Else Blankenhorns Werke, der seriellen Produktion von Banknoten oder ihren Texten und Kompositionen eingehend befasst hat.

„Eine Frau mit Mann
eine Tochter mit Eltern
eine Frau allein
genug Stille“ [1]

Etwa zeitgleich mit der ersten öffentlichen Ausstellung der Dresdner Künstlergemeinschaft *Brücke* entzog sich 1906 eine wohlhabende 33-jährige Frau aus Karlsruhe endgültig dem ihr bedrohlich erscheinenden Leben in der Öffentlichkeit, um sich fast ausschließlich künstlerischer Tätigkeit zu widmen. Im „Schutzraum“ des Sanatoriums Bellevue in Kreuzlingen am Bodensee schuf Else Blankenhorn in den folgenden Jahren den größten Teil eines umfangreichen Œuvres, das Fotografien, Malereien, Zeichnungen, Kunsthandwerk, Dichtungen und musikalische Kompositionen umfasste; daneben beschäftigte sie sich mit Bearbeitungen der Dichtungen Goethes und Übersetzungen, zum Beispiel der Lyrik Alfred Tennysons. Den Verkehr mit der Außenwelt schränkte sie auf das Notwendigste ein. Briefe ließ sie sich nur unter Auslassung beunruhigender Stellen vorlesen. Selbst dem Arzt wurde von ihrer persönlichen Pflegerin oftmals der Zutritt zu ihren Zimmern verwehrt.

1908 hielt der Arzt in den Krankenakten fest, dass sie begonnen habe, „ohne irgendwelche Vorkenntnisse (...) ganz nette Stimmungen“[2] mit Ölfarbe zu malen. Ihr schöpferisches Potenzial wie ihre Kenntnisse der Kunstgeschichte und der zeitgenössischen Kunst schätzte man als gering ein. Ihre Sujets seien „starr“ und „unverständlich“, sie verwende „sehr starke, schreiende Farben“. Man konnte nicht ausmachen, was ihre Bilder bedeuteten, denn sie „rückt kaum mit der Sprache heraus, was sie meint“, und „überwacht ihre Bilder sorgfältig“[3]. Da man keine Traditionslinien zu erkennen vermochte, wurde eine genuine Autorschaft zunächst übersehen. Die in den Werken geschaffenen Wirklichkeiten mit ihren Stimmungsqualitäten faszinierten zwar, aber durch ihre Mehrdeutigkeit schienen die Bilder hermetisch verschlossen und nur der Künstlerin verständlich zu sein. [...]

Am 4. Oktober 1873 wurde Else Blankenhorn als

erstes von sechs Kindern der Familie des Naturwissenschaftlers und Gutsbesitzers Adolph Blankenhorn in Karlsruhe geboren. Die Privilegien einer „kleinen Prinzessin", die ihr in dieser Position zunächst zugestanden wurden, beanspruchte sie auch später den Geschwistern gegenüber.

Ab 1880 besuchte sie die private höhere Viktoriaschule und das zugehörige Pensionat. Besonderer Wert wurde hier, neben der Vorbereitung für ein standesgemäßes Leben, auf die fundierte natur- und geisteswissenschaftliche, mehrsprachige und musische Ausbildung der Schülerinnen gelegt. So begann auch die künstlerische Ausbildung Blankenhorns in ihrem elften Lebensjahr mit dem Zeichnen von „stilisierten Blumen" und „Körperzeichnen" und wurde bis zur Abschlussprüfung mit „Stilarten" und „Fächerkunde", „Landschaftszeichnen", „Studien der Perspektive", „Baumschlag" und „Kopfstudien" kontinuierlich erweitert. Die im Unterricht behandelten literarischen Werke reichten von Schiller über Goethe und Herder bis Uhland, von Shakespeare, Irving und Longfellow bis Racine und Molière. Daneben erhielten die Schülerinnen Gesangs- und Klavierunterricht.

Nach Abschluss der Schule nahm Else Blankenhorn am Leben der badischen Residenzstadt teil. Neben gesellschaftlichen und karitativen Verpflichtungen im Umfeld des großherzoglichen Hofes Friedrichs von Baden engagierte sie sich wie die anderen weiblichen Mitglieder ihrer Familie im Badischen Frauenverein.[4] Dort konnte sie Vorträge von Referenten wie dem Kunsthistoriker Adolf von Oechelhäuser und der Frauenrechtlerin und Lehrerin Anna Ettlinger hören.[5]

Eine schwere Belastung stellte für sie die psychische Erkrankung ihres Vaters dar. Er war mit einer zyklischen Erkrankung ebenfalls als Patient im Sanatorium Bellevue in Kreuzlingen.[6] Auf das Leiden des Vaters während einer „deprimierten Phase" reagierte die junge Frau mit heftiger „Gemütserschütterung", als er unvermutet bei ihr im Hause der Großmutter erschien.[7] Schon früher fühlte sie sich auf einer gemeinsamen Italienreise durch sein auffälliges Verhalten kompromittiert und überanstrengt.

Sanatorium Bellevue

Im Herbst 1899 kam Else Blankenhorn wegen eines „Erschöpfungszustandes", der mit dem Verlust ihrer Singstimme verbunden war, zu einem Kuraufenthalt erstmals ins Bellevue. Diese seit 1857 bestehende Privatklinik hatte sich unter Ludwig Binswanger sen. bis 1890 und danach unter seinem Sohn Robert zu einem Zufluchtsort für Künstler, Adelige, Großbürger und Emigranten aus Europa und den USA entwickelt, die in der neutralen Schweiz Erholung und Heilung suchten. Patientenlisten des Sanatoriums[8] lesen sich wie ein Kaleidoskop bedeutender Männer und Frauen des politischen, ökonomischen und künstlerischen Lebens zwischen 1880 und 1930. Joseph Roth schreibt in seinem Roman *Radetzkymarsch* vom Bellevue als einem Ort, „wo verwöhnte Irrsinnige aus reichen Häusern behutsam und kostspielig behandelt wurden und die Irrenwärter zärtlich waren wie die Hebammen".[9]

In der pädagogisch-therapeutisch ausgerichteten familiären Lebensgemeinschaft Kranker und Gesunder waren kulturelle Veranstaltungen gleichrangig mit der medizinischen Betreuung. Nach dem Tod seines Vaters verfolgte der Enkel des Gründers, Ludwig Binswanger jun., ab 1910 ein psychotherapeutisches Konzept, das auf seinen Studien bei Otto Binswanger, Eugen Bleuler und Carl-Gustav Jung gründete. Kathartische Methode und Psychoanalyse dominierten fortan die Behandlung, die Sigmund Freud damals als modellhaft für die Leistungsfähigkeit der Psychoanalyse auch bei schweren seelischen Erkrankungen ansah.

Der therapeutische Alltag im Bellevue war ganz auf die individuellen Bedürfnisse der Patienten abgestimmt. Lange Spaziergänge und Ruhepausen sollten die „schwachen Nerven der Neurastheniker" beruhigen. Ein familiäres großbürgerliches Leben mit gemeinsamer Abendtafel und den entsprechenden Kultur- und Bildungsangeboten, wie die Diskussion von Vorträgen und gemeinsame Lektüre in den Gesellschaftsräumen oder der Bibliothek sowie Musikveranstaltungen, sollten den Patienten eine Fortführung des jeweils eigenen Lebensstils innerhalb eines geschützten Raums bieten.

Die Hoffnung auf baldige Erholung erfüllte sich für Else Blankenhorn nicht. Nach einer wiederholt von nervösen Krisen unterbrochenen und dadurch sich immer länger hinziehenden Behandlung konnte sie erst im Frühjahr 1902 entlassen werden. In den folgenden Jahren hielt sie – das gehörte ebenfalls zum therapeutischen Konzept – den Kontakt zum Sanatorium aufrecht, mit wöchentlichen Berichten an den behandelnden Arzt, der sie mehrmals im Jahr besuchte. Sie berichtete von ihrer fotografischen Arbeit und von der Ernsthaftigkeit ihrer Lektüren und Übersetzungen, von den Versuchen, ein standesgemäßes Leben zu führen, aber auch von ihrer Scheu, mit anderen Menschen in Kontakt zu treten. Ihre Ängste schränkten ihren Lebensraum so stark ein, dass sie selbst in der familiären Umgebung für sich lebte.

Im Sommer 1906, nachdem ihr Vater gestorben war, geriet sie neuerlich in eine schwere Krise und kehrte in den „Schutzraum" des Sanatoriums zurück. Dort lebte sie bis 1919. Die Auswirkungen des Ersten Weltkrieges zwangen die Familie, Else Blankenhorn aus Kostengründen in die deutsche Heilanstalt Reichenau bei Konstanz zu verlegen. Dort starb sie 1920 an den Folgen einer Krebsoperation.

Auseinandersetzung mit der Kunst der Zeit

Schon in ihrer Kindheit war Blankenhorn mit Kunstwerken und Künstlern vertraut. Vor allem dürften sie die Arbeiten des mit dem Vater befreundeten Ferdinand Keller (1842–1922) beeindruckt haben. Dieser „Badische Makart" war 1867 als Professor an die Kunstakademie Karlsruhe berufen worden. Seine Historienbilder mit den Apotheosen der Hohenzollern, im Besonderen ein monumentales Porträt Kaiser Wilhelms II., boten der gründerzeitlichen Gesellschaft im Umfeld des großherzoglichen Hofes Gesprächsstoff. Adolph Blankenhorn ließ sein neu erbautes und im Stil der Neorenaissance und des Neobarock eingerichtetes repräsentatives Wohnhaus mit Porträts und allegorischen Bildern ausschmücken. Hervorzuheben sind zwei korrespondierende Allegorien. Schon 1864 hatte der Wiener Maler Hans Canon (1829–1886) von Blankenhorn den Auftrag für eine *Allegorie der Wein-*

lese[10] erhalten, die er in der barocken Manier eines Peter Paul Rubens ausführte. Sein Schüler Ferdinand Keller fertigte 1868 als Gegenstück das Gemälde *Der Alchimist*.[11] Das Bilderpaar versinnbildlicht die wissenschaftlichen Tätigkeiten des Auftraggebers, die des Önologen und Chemikers, der seit 1866 eine Dozentur und nachfolgend eine Professur an der Technischen Hochschule Karlsruhe innehatte.
Später besuchte Blankenhorn Ausstellungen der Kunstakademie, des Kunstvereins, des Karlsruher Künstlerbundes und der Grötzinger Malerkolonie. Besonders scheinen sie die Landschaftsbilder Gustav Schönlebers (1851–1917), der seit 1880 Professor an der Großherzoglichen Badischen Kunstschule war,[12] beeindruckt zu haben. Wichtig für sie waren auch die flächig vereinfachten, oft atmosphärisch von Nebel und Dämmerung verschleierten Landschaften Gustav Kampmanns (1859–1917).[13] Die Karlsruher Malerinnenschule, 1885 unter dem Protektorat der Großherzogin gegründet, die einzige im Deutschen Reich, erwähnt Blankenhorn in ihren Aufzeichnungen zwar nicht. Es ist aber zu vermuten, dass die Persönlichkeiten der Lehrerinnen und Studentinnen für sie Vorbildfunktion hatten.
Über die Lektüre von Kunstzeitschriften, namentlich der *Kunst für Alle* und *Badische Kunst* sowie von Publikationen über außereuropäische Kunst festigte sich ihr ästhetisches Verständnis. Doch die avantgardistischen Strömungen der Nabis, des Fauvismus und Expressionismus lernte sie vermutlich erst im Bellevue kennen. Katalysatorisch wirkten die im Bodenseeraum stattfindenden Kunstausstellungen, die, wie Zeitgenossen berichten, in Gesprächen innerhalb des Sanatoriums reflektiert wurden.[14]

Landschaften der Seele

Auf dieser Grundlage entwickelte Blankenhorn einen eigenen Bildkosmos mit den beiden großen Themen Mensch und Landschaft, der selbst die Bildfindungen ihrer kunsthandwerklichen Arbeiten (Bildteppiche, Stickereien) bestimmte. Auch in ihren Aufzeichnungen und Dichtungen beschrieb oder kommentierte sie, meist fragmentarisch, ähnliche Bilder. Skizzen, die sie in diese Texte setzte, belegen die fortwährende inhaltliche wie formale Beschäftigung mit ästhetischen Problemen. Eigene Kommentare fehlen, doch geben die Berichte anderer über das tägliche Leben Blankenhorns Einblick in ihre Ideenwelt.
Diese war beherrscht von einer Ambivalenz zwischen ihrer Sehnsucht nach Partnerschaft, Ehe und Familie und ihren Ängsten vor zu viel Nähe. Ihre zunehmende Isolierung, bedingt durch eine extreme Menschenscheu, die sich während des langen Aufenthalts im Sanatorium wahnhaft verfestigte, führte dazu, dass phantasierte Beziehungen die Welt Blankenhorns dominierten. Sie wähnte sich als Ehefrau („im Geiste") Kaiser Wilhelms II., mit der Aufgabe betraut, alle begrabenen, aber nicht toten Ehepaare aus den Gräbern zu befreien. Um ihre Ernährung zu finanzieren, malte sie Geldscheine mit aberwitzigen Summen. Ein Großteil ihres erhaltenen Werks besteht aus solchen „Noten", die sie mit ihrem Namen oder als „Else von Hohenzollern" zeichnete (vgl. Abb. S. 19 ff.).
Auch nach ihrer Verlegung in die Anstalt Reichenau

war ihre Produktivität ungebrochen. Die Krankengeschichte ihrer letzten Monate berichtet lapidar, dass ihr wegen ihres großen Schaffensdranges (sie hatte in Ermangelung von Malgründen die Wände bemalt) Pinsel und Farben weggenommen werden mussten.
Als sich Blankenhorn 1906 ins Bellevue zurückzog, fungierte der vermittelte, andauernde Dialog mit der zeitgenössischen Kunst, den ihre Bilder belegen, als Brücke zur Außenwelt. Blankenhorn zitiert für den Japonismus typische Astformationen und Blüten ebenso wie Stilelemente der nachimpressionistischen Malerei, der Nabis und des Expressionismus. Neben der akademischen Bildwelt ihrer Kindheit und den Werken der zeitgenössischen Karlsruher Künstler scheint der Einfluss Edvard Munchs und Vincent van Goghs für Bildkonzeption und Farbwahl ihrer Bilder bedeutsam. Blankenhorn scheint ebenso angezogen gewesen zu sein von den persönlichen Schicksalen dieser Künstler, ihren kaum lebbaren emotionalen Untiefen und persönlichen Katastrophen, wie von ihren Werken, die sie in der Kunsthalle Karlsruhe und in Ausstellungen gesehen hatte und deren kontrovers diskutierte öffentliche Wirkung sie in Ausstellungsberichten der Kunstzeitschriften verfolgen konnte.
So zitiert Blankenhorn in der kleinformatigen, grüngelb gehaltenen und fast durchscheinenden Komposition einer dreigeteilten südlichen Landschaft (vgl. Abb. S. 41 unten) Gestirn und Farben von Vincent van Goghs *Weg mit Zypressen*. Der tief liegende Horizont und der Kontrast zwischen den flächig angelegten hellen und dunklen Bildpartien dieses Gemäldes erinnern außerdem an Werke von Künstlern des Nachimpressionismus. [...]
Die Gemälde Blankenhorns sind in ihren Aussagen komplex, die Künstlerin neigt zu enigmatischen Kompositionen. Obwohl sie einzelne Elemente und Gestaltungsprinzipien zeitgenössischer wie historischer Kunstwerke zitiert, kreiert sie eine eigene Bildsprache. [...] Die ungewöhnlichen Formate der Bildträger verraten, dass sie bewusst dem jeweiligen Sujet angepasst wurden. Der stark gestische Duktus, das klare Setzen der Farbe, lassen die Bilder auf der Höhe der zeitgenössischen Kunst erscheinen. Sie stellen im Sinne des Expressionismus Landschaften der Seele dar. Menschen sind frontal gegeben und nahe an den unteren Bildrand und damit an den Betrachter herangerückt. Aufgewühlte Himmelslandschaften und isolierte Figuren vor unheimlich wirkenden nächtlichen Szenerien zeugen von den inneren Spannungen der Künstlerin. Die so visualisierten Ängste verweisen auf nicht bekannte individuelle Zusammenhänge, sind Bildschriften der Phantasie. Alle Werke sind Teile einer imaginativen Rekonstruktion ihrer Vergangenheit. Sie sind ausschließlich ihrer subjektiven Phantasmagorie verpflichtet – einer eigenen Genealogie, die danach trachtet, trotz der Schatten der Realität ihre Biographie funkeln zu lassen.

1 Else Blankenhorn, o.T. (Notizbuch), o.J., Sammlung Prinzhorn Heidelberg Inv.-Nr. 4318a fol. 4.

2 Krankenakte Else Blankenhorn, Binswanger-Archiv, Universität Tübingen.

3 Ebd.

4 Siehe hierzu: *Geschichte des Badischen Frauenvereins*, Karlsruhe 1881; *Geschichte des Badischen Frauenvereins 1859–1906*, Karlsruhe 1906 (2. Aufl.).

5 Die biographischen Angaben zum Leben Else Blankenhorns sind erste Ergebnisse der aktuellen Forschungen der Verfasserin. Eine ausführliche Studie zu Biografie und Werk ist in Vorbereitung.

6 Krankenakte Else Blankenhorn, Binswanger-Archiv, Universität Tübingen.

7 Diese wie alle folgenden Informationen zum Bellevue beruhen auf Recherchen im Binswanger-Archiv der Universität Tübingen.

8 Die Patientenakten werden am Institut der Geschichte der Medizin der Universität Tübingen erforscht. Ich danke Herrn Prof. Dr. Fichter und Herrn Prof. Dr. Hirschmüller für ihre Hinweise.

9 Joseph Roth, *Radetzkymarsch*, Berlin 1932, S. 87.

10 Hans Canon, *Allegorie der Weinlese*, 1864, 118 x 157 cm, Öl auf Leinwand, Staatliche Kunsthalle Karlsruhe Inv. Nr. 2013.

11 Ferdinand Keller, *Der Alchemist*, 1868, 116 x 155 cm, Öl auf Leinwand, Markgräfler Museum Müllheim/Baden Inv. Nr. KBFEK 007.

12 Siehe: *Gustav Schönleber – Gustav Kampmann. Zweimal Natur um 1900*, Städtische Galerie Karlsruhe, 1991.

13 Siehe: *Gustav Kampmann 1859–1917: Zeichnungen aus dem Kupferstichkabinett*, Staatliche Kunsthalle Karlsruhe, 1994.

14 Manfred Bosch, *Bohème am Bodensee*, Lengwil 1997, S. 401 ff.

16 o.T. [Selbstportrait vor dem Hochblauen], Öl auf Malbrett, vor 1920, Sammlung Prinzhorn Inv. Nr. 4304

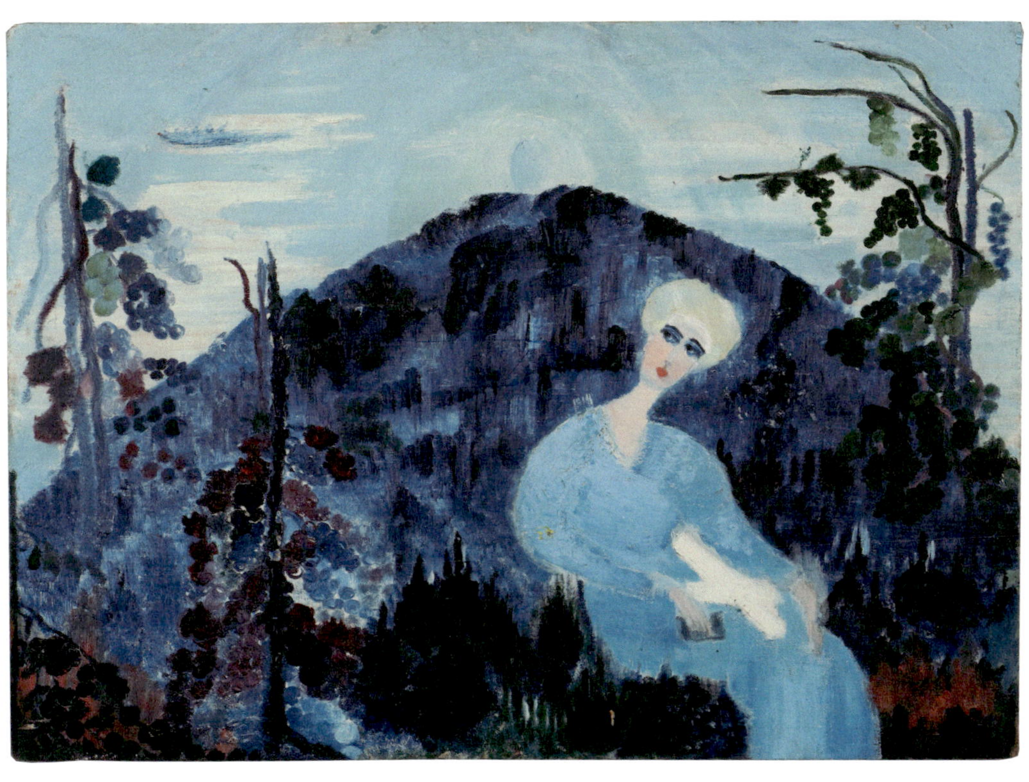

„100 Milliarden", Feder in Tinte auf Papier, vor 1920, Sammlung Prinzhorn Inv. Nr. 1901c recto

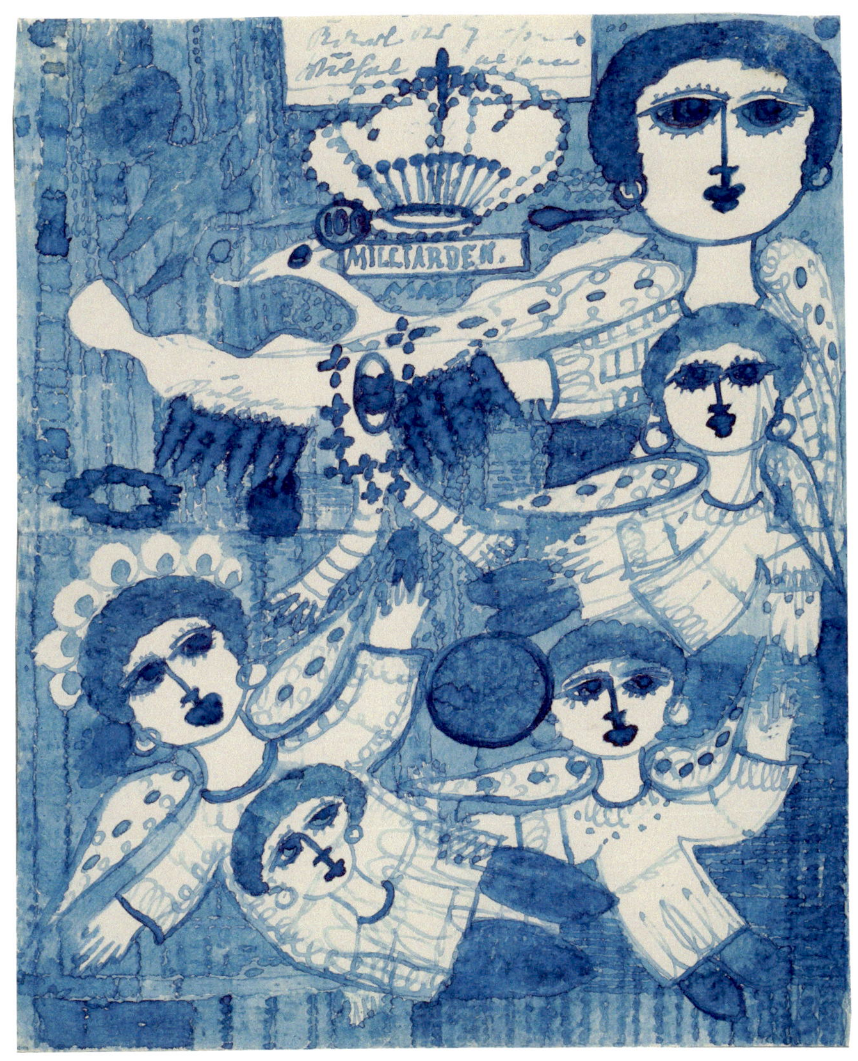
100
MILLIARDEN.

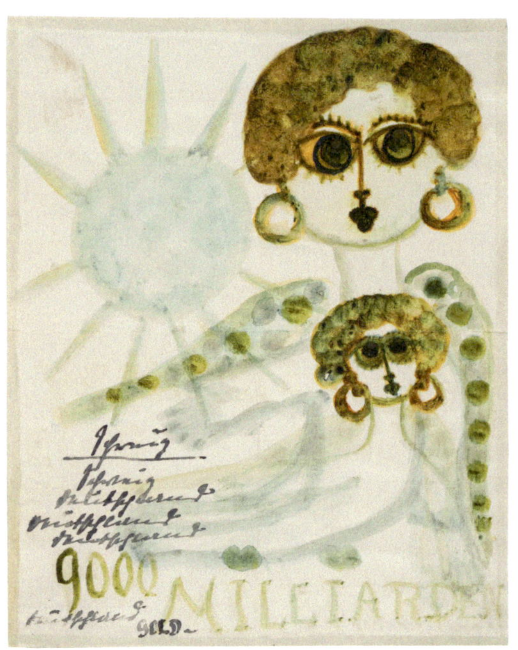

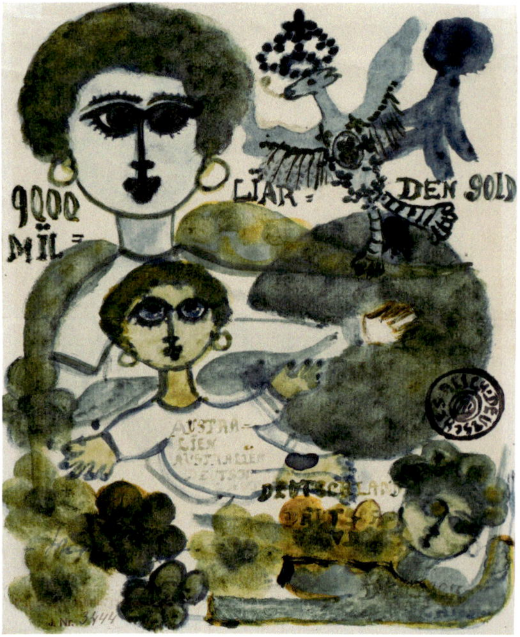

„9000 Milliarden", Deckfarben und Feder in Tinte auf Papier, vor 1920, Sammlung Prinzhorn Inv. Nr. 1904 recto
„9000 Mil=liarden Gold", Deckfarben auf Papier, vor 1920, Sammlung Prinzhorn Inv. Nr. 3444 verso

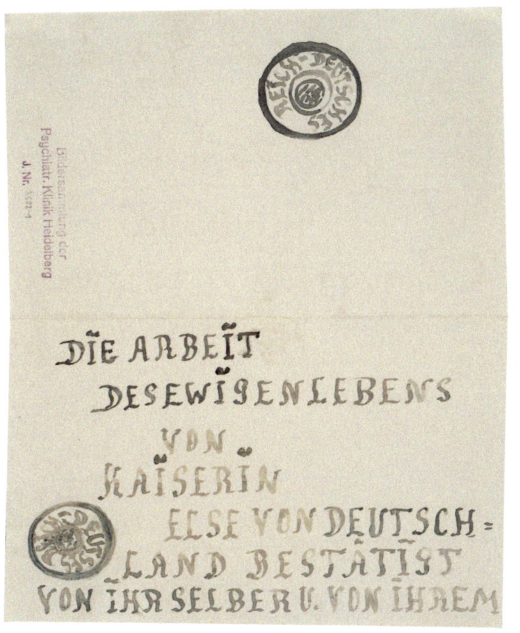

DIE ARBEIT
DESEWIGENLEBENS
VON
KAISERIN
ELSE VON DEUTSCH=
LAND BESTÄTIGT
VON IHR SELBER U. VON IHREM

Bildersammlung der Psychiatr. Klinik Heidelberg
J. Nr. 3522-1

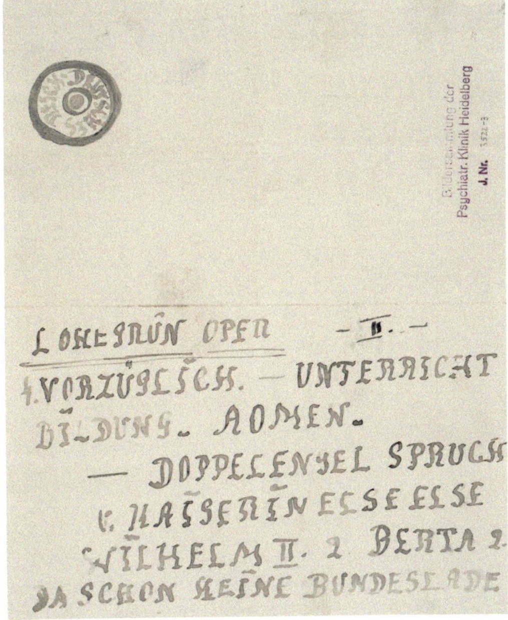

LOHEGRÜN OPER -II.-
1. VORZÜGLSCH. – UNTERRICHT
BILDUNG. AOMEN.
— DOPPELENGEL SPRUCH
V. KAISERIN ELSE ELSE
WILHELM II. 2 BERTA 2.
DA SCHON KEINE BUNDESLADE

Bildersammlung der Psychiatr. Klinik Heidelberg
J. Nr. 3522-3

„Die Arbeit des ewigen Lebens von Kaiserin Else von Deutschland“, Feder in Tinte auf Briefpapier, ca. Feb. 1908, Sammlung Prinzhorn Inv. Nr. 3522-1 recto

„Lohegrün Oper“, Feder in Tinte auf Briefpapier, Feb. 1908, Sammlung Prinzhorn Inv. Nr. 3522-3 recto

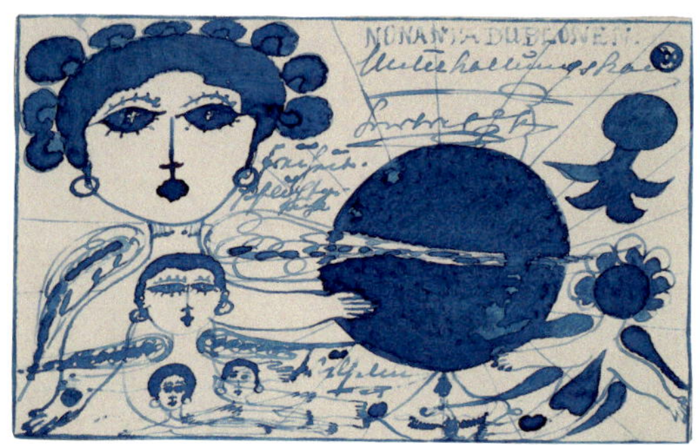
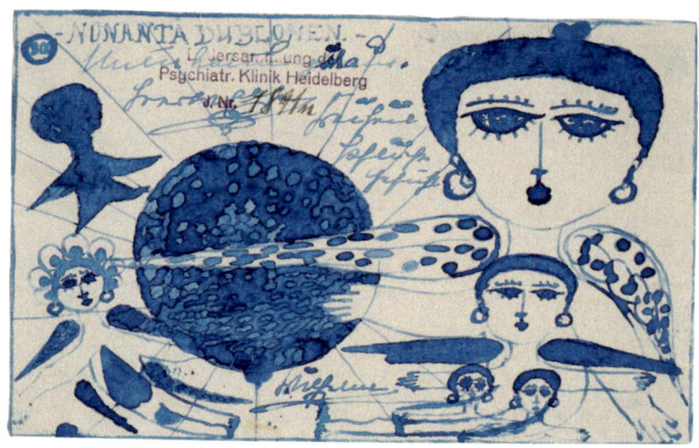

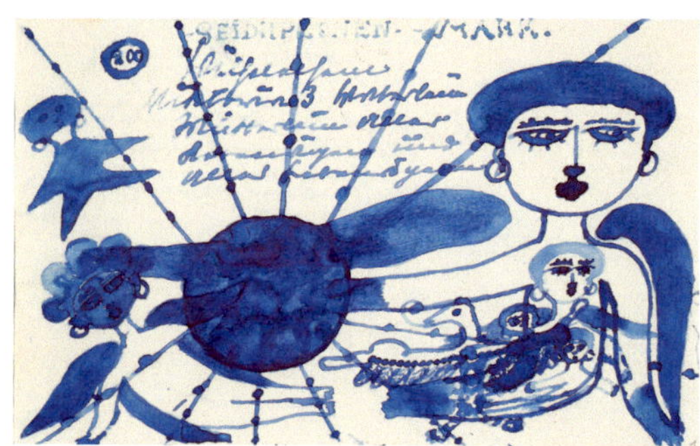
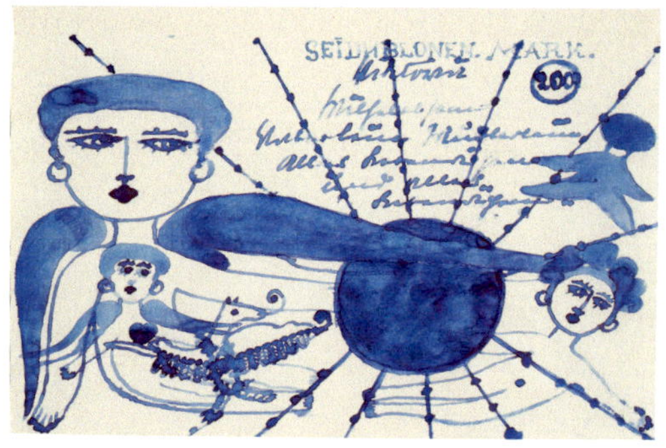
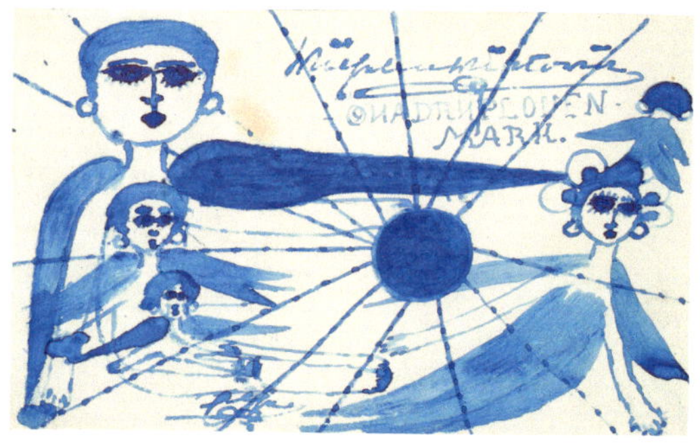
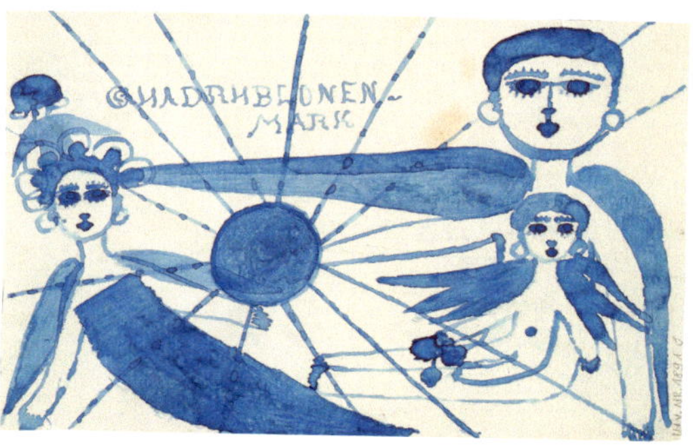

o.T. [Banknoten], Feder in Tinte auf Papier, vor 1920, Sammlung Prinzhorn,
1891i recto/verso, 1891d fol1 recto/verso, 1891o recto/verso, 1865 recto/verso, 1892b recto/verso, 1891p recto/verso

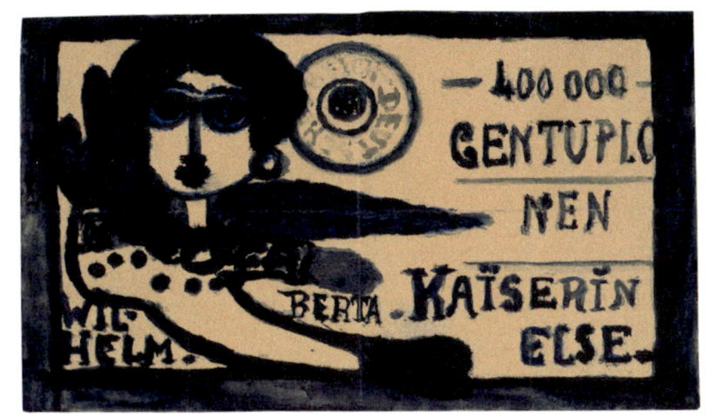
400 000
CENTUPLO
NEN
BERTA
KAÏSERIN
ELSE
WIL-
HELM

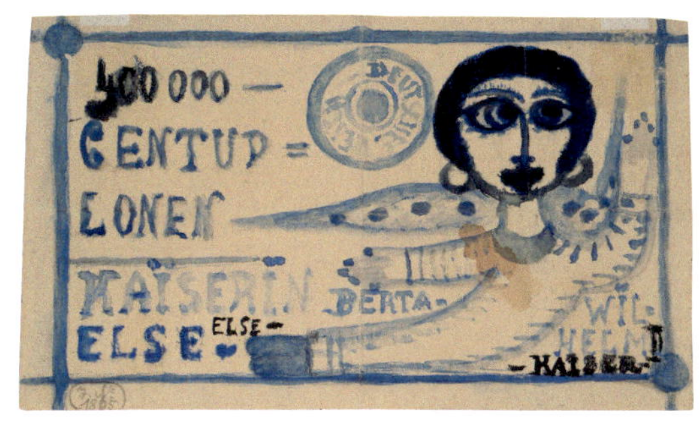
400 000
CENTUP =
LONEN
KAÏSERIN
BERTA
ELSE
ELSE
WIL-
HELM II
KAISER

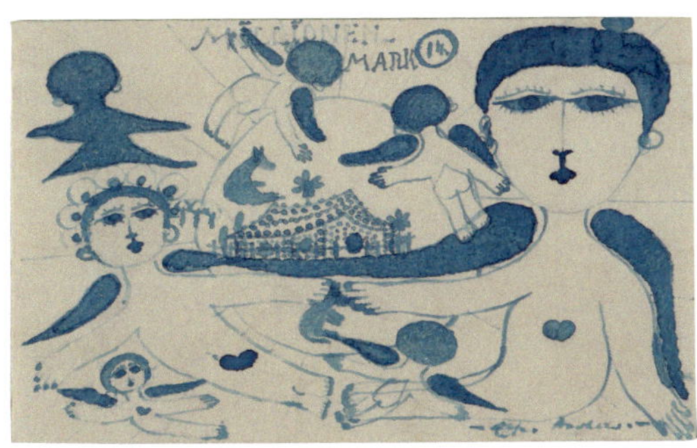
MARK
14

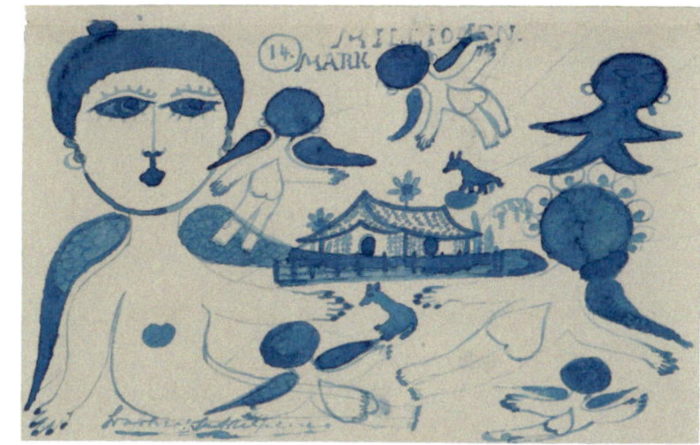
14
MARK

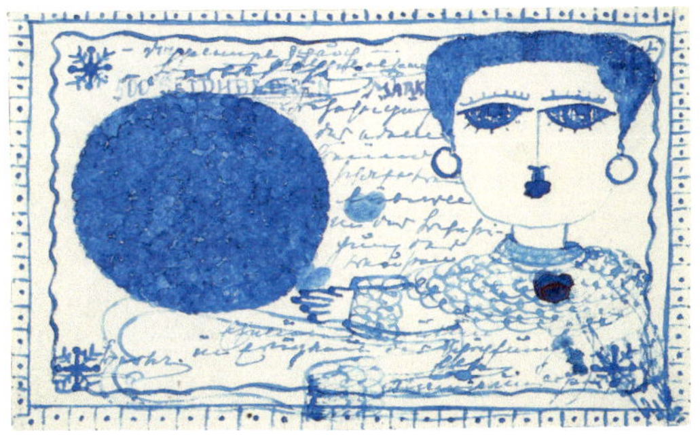

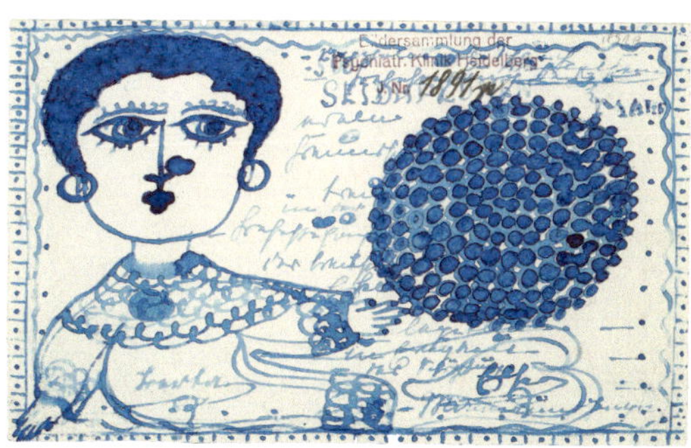

24 o.T. [Kaiser Wilhelm II.], Öl auf Leinwand, vor 1920, Sammlung Prinzhorn Inv. Nr. 1890

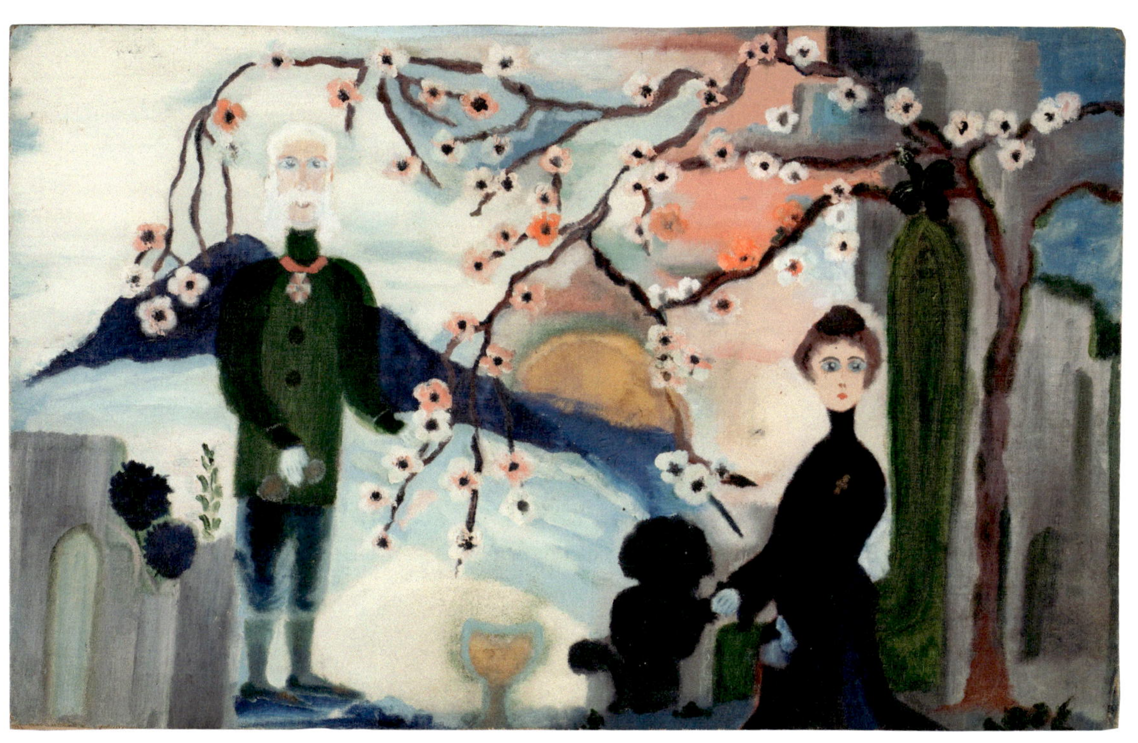

o.T. [Kaiser Franz Joseph und Kaiserin Elisabeth von Österreich], Öl auf Leinwand/auf Pappe kaschiert, vor 1920,
Sammlung Prinzhorn Inv. Nr. 1885

26 o.T. [Mann und Frau], Öl auf Leinwand, vor 1917, Sammlung Prinzhorn Inv. Nr. 4203

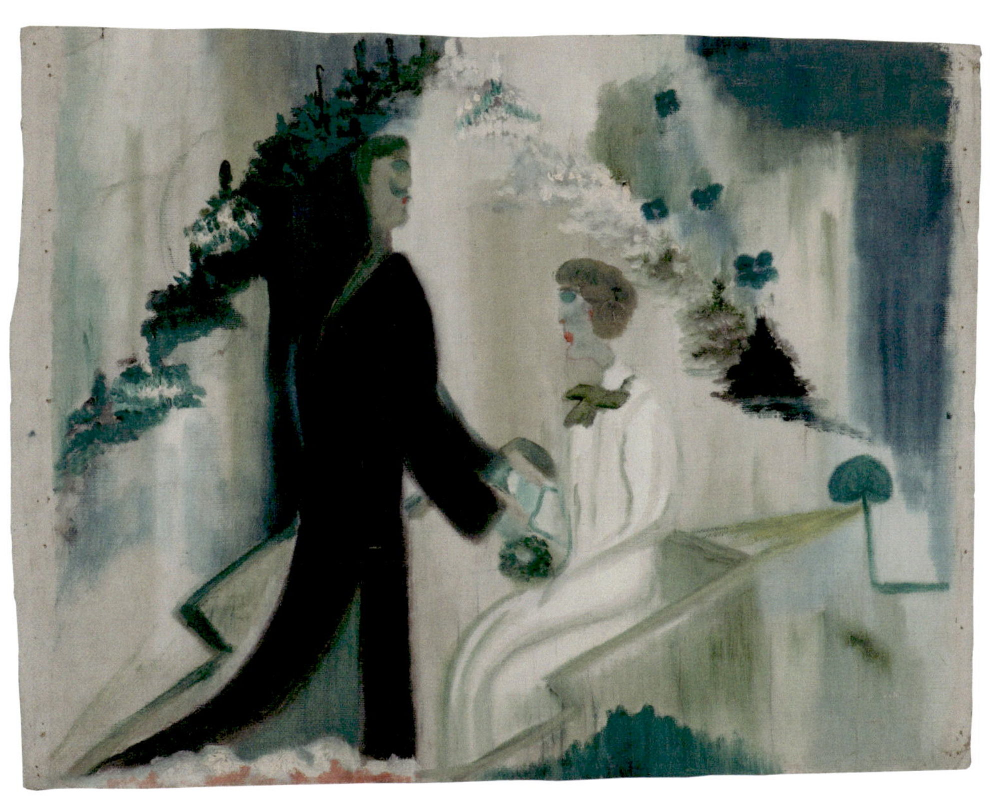

o.T., Öl, Bleistift auf Pappe, vor 1919, Sammlung Prinzhorn Inv. Nr. 4224

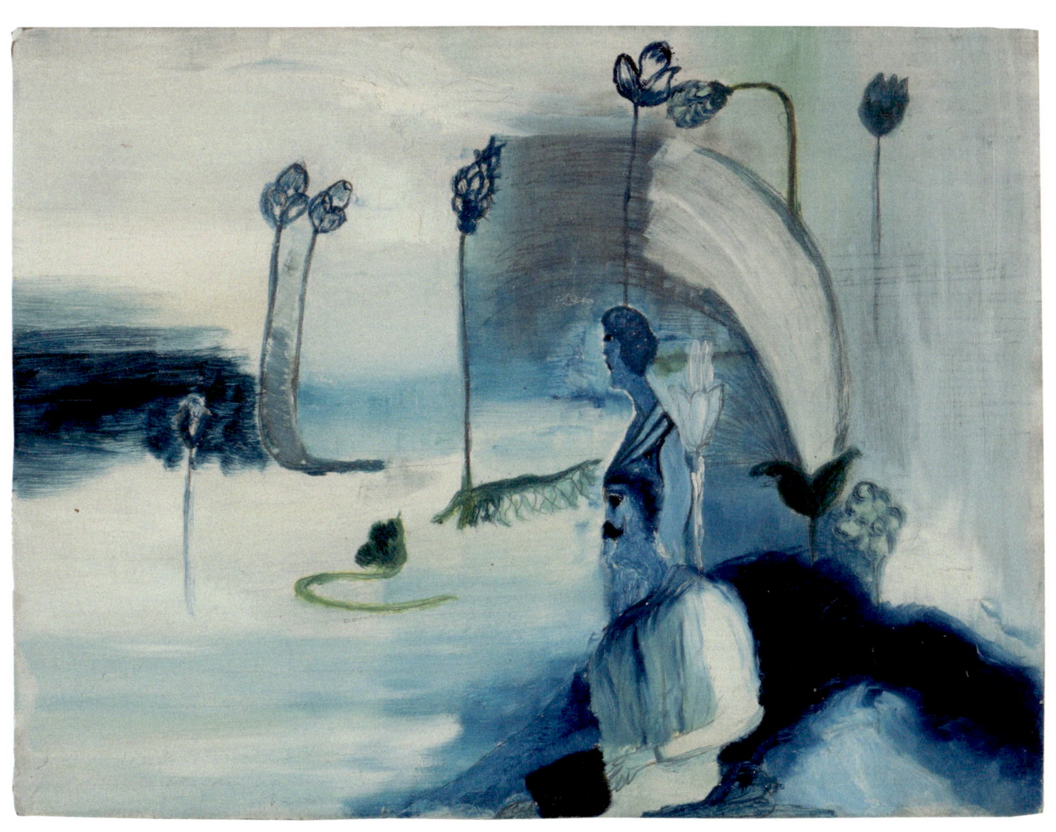

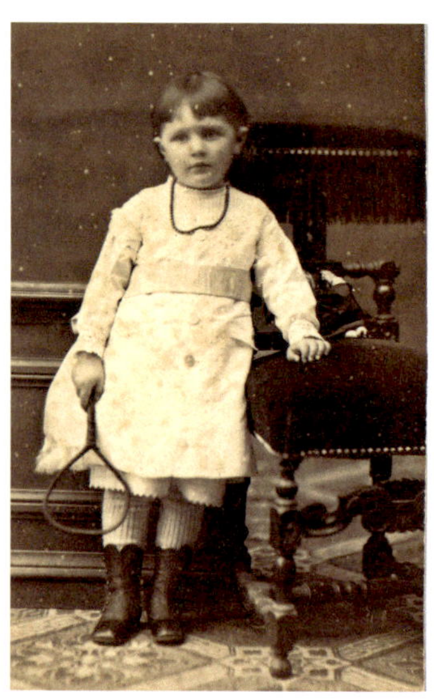

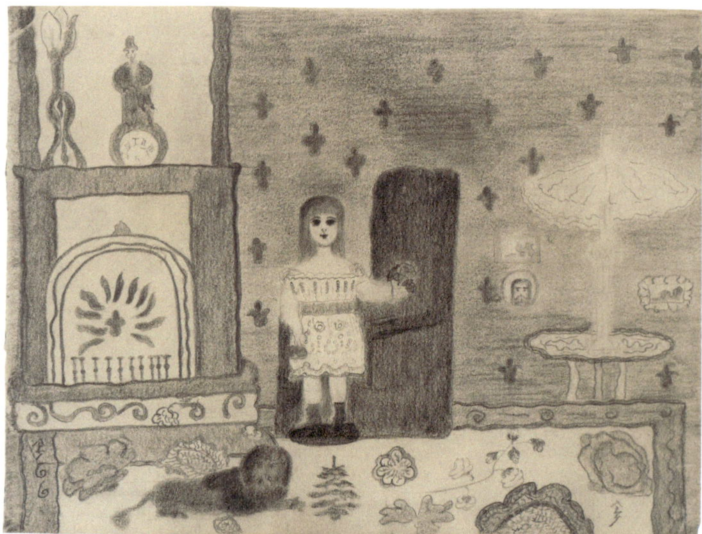

Else Blankenhorn als Kind, Fotografie, um 1878, Markgräfler Museum Inv. Nr. F 3120

o.T. [Selbstdarstellung im Kinderzimmer], Bleistift auf Zeichenpapier, vor 1920, Sammlung Prinzhorn Inv. Nr. 3447 recto

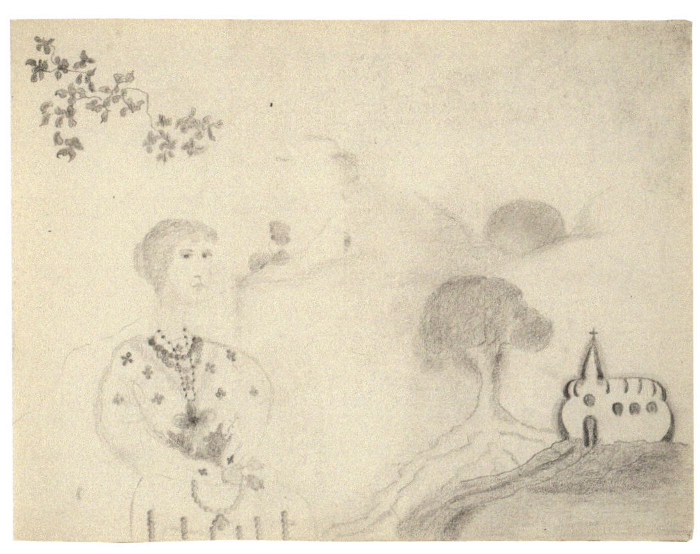

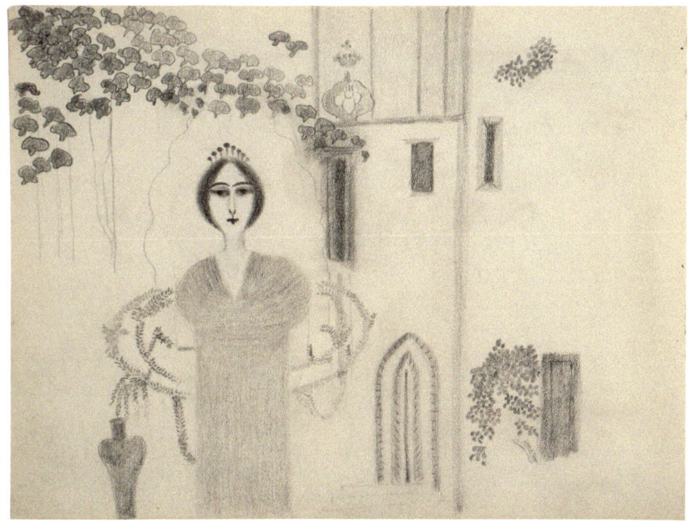

Zwei Zeichnungen aus dem roten Skizzenbuch, Bleistift auf Zeichenpapier, vor 1920,
Sammlung Prinzhorn Inv. Nr. 3480 fol. 9 recto/fol. 8 verso

o.T. [Sängerin], Öl auf Leinwand, vor 1919, Sammlung Prinzhorn Inv. Nr. 4277

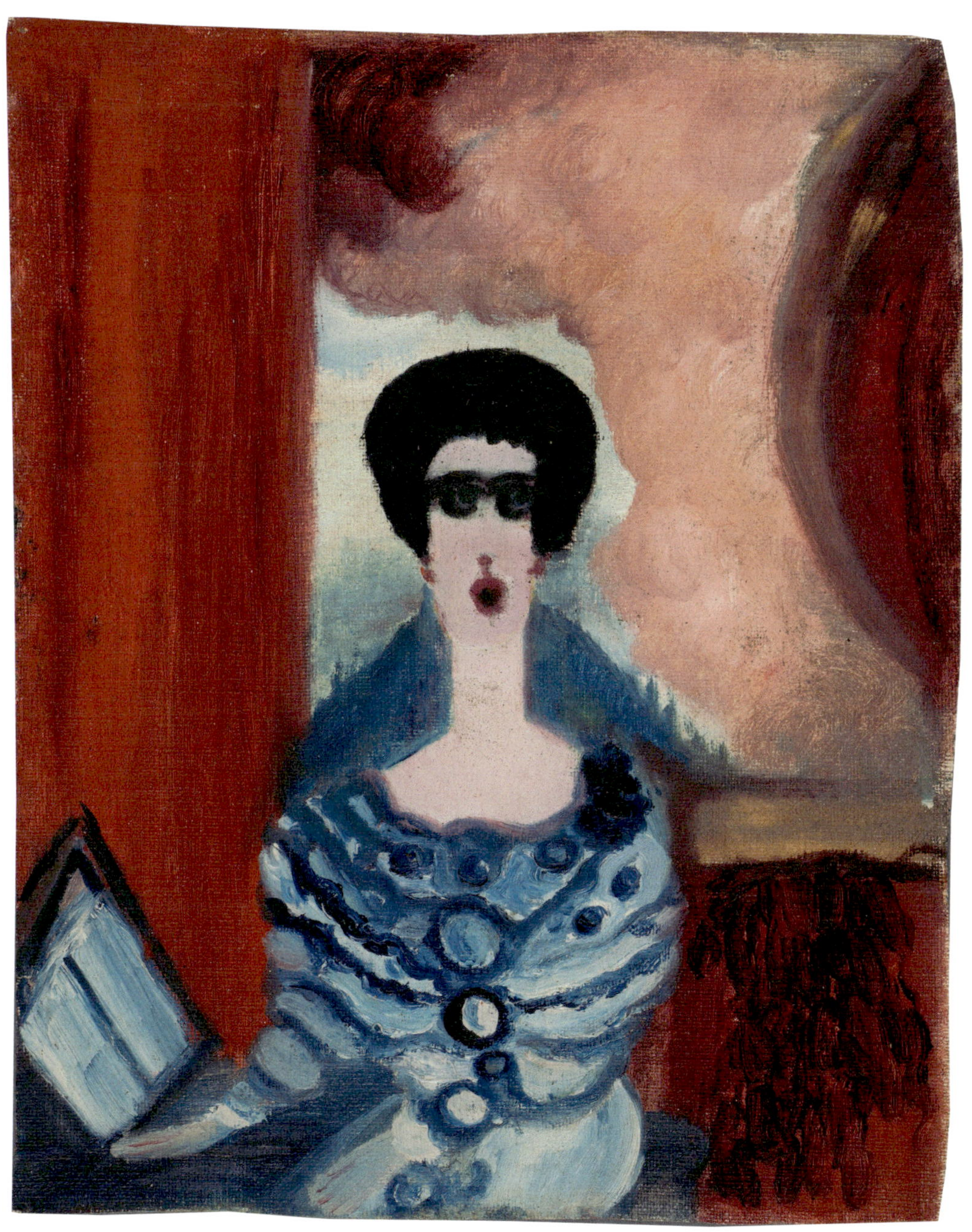

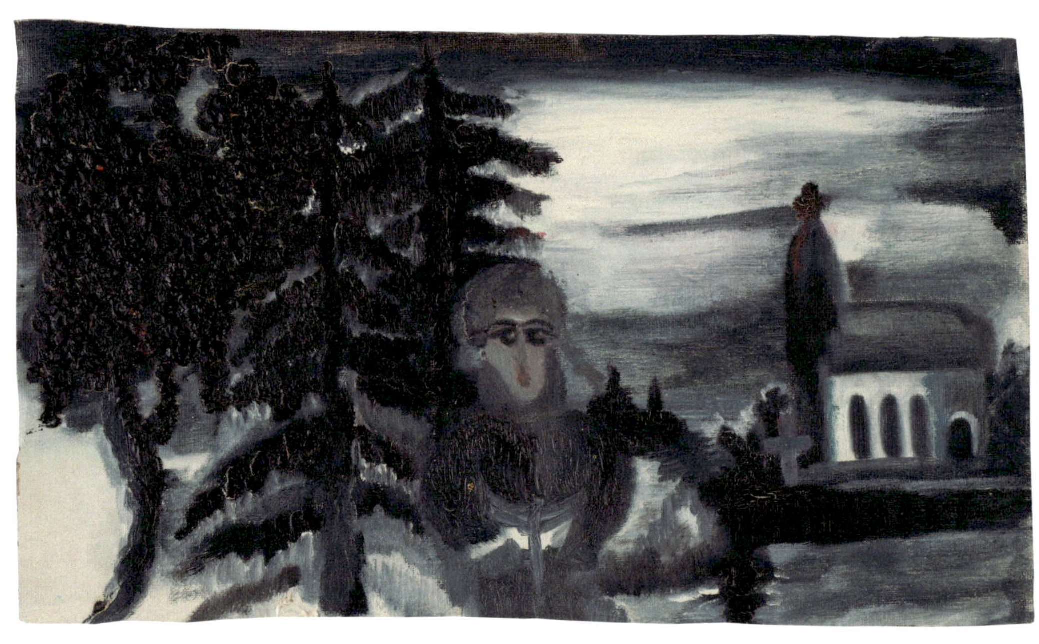

 o.T., Öl auf Leinwand, vor 1917, Sammlung Prinzhorn Inv. Nr. 4272

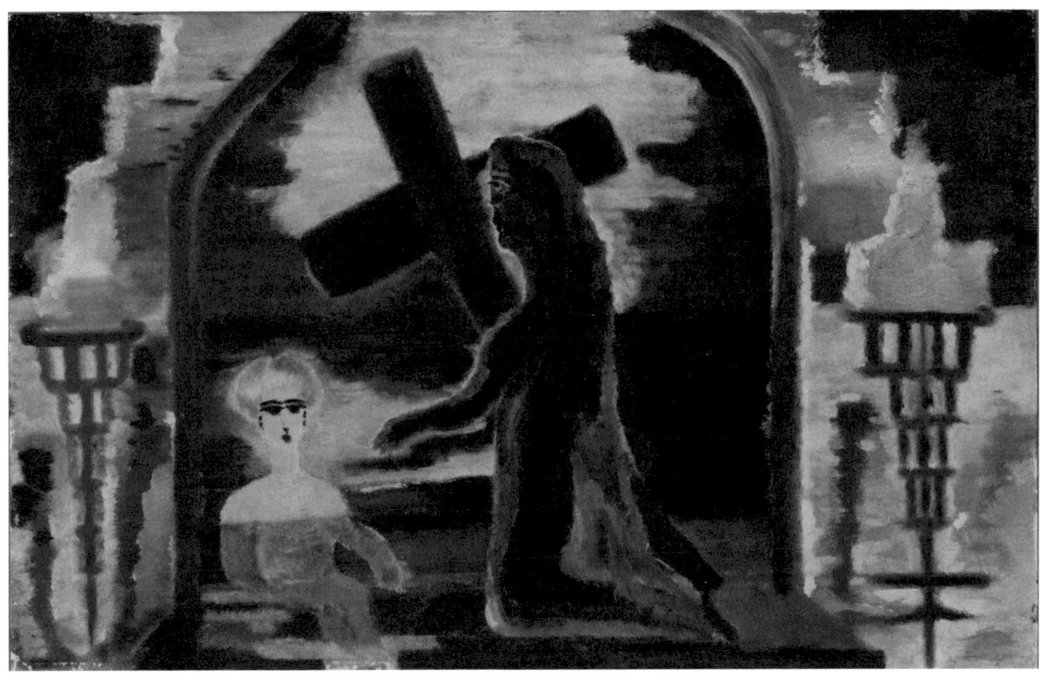

o.T., Öl auf Aquarellkarton, vor 1917, Sammlung Prinzhorn Inv. Nr. 1888

o.T. [Vera Icon Christi], Öl auf Leinwand, vor 1920, Sammlung Prinzhorn Inv. Nr. 4271

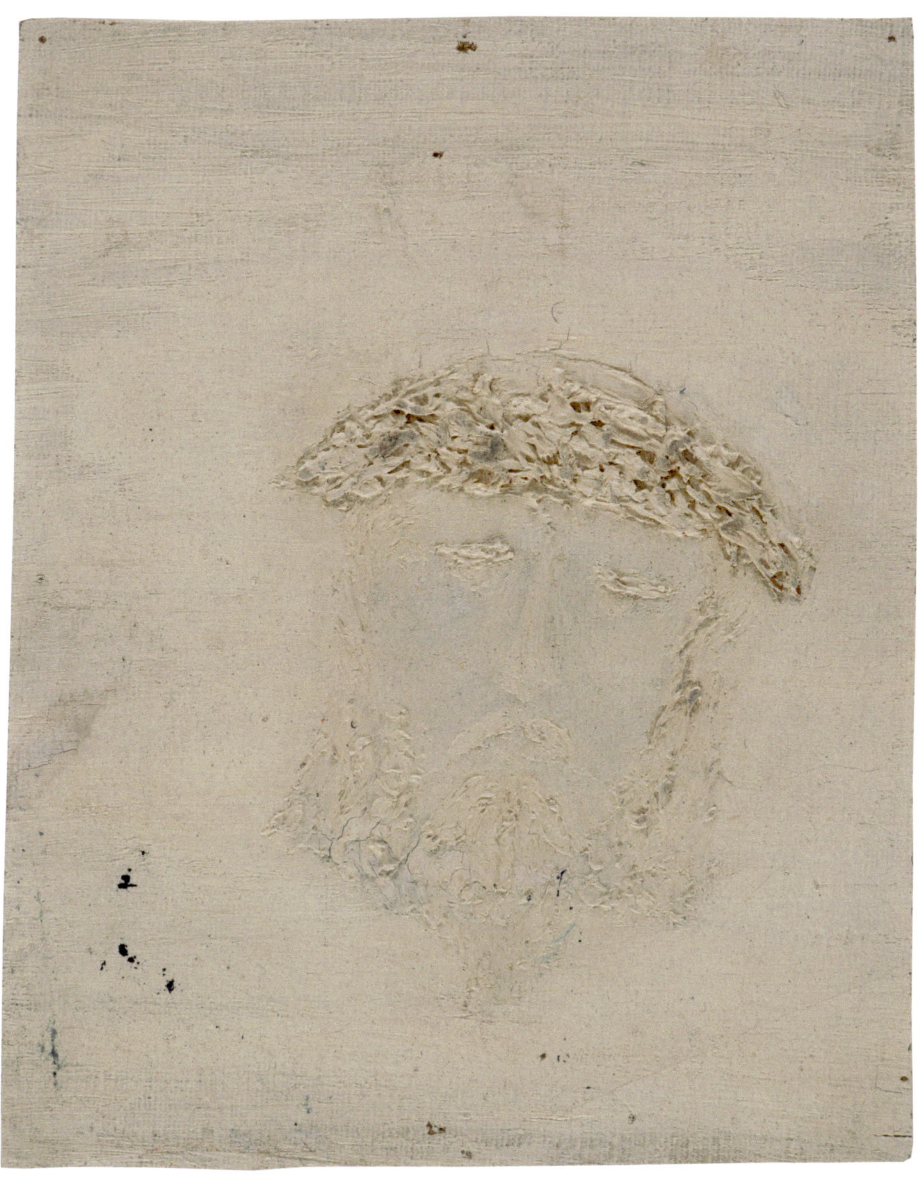

o.T. [Sonnenuntergang in Pappellandschaft], Öl auf Leinwand, vor 1920, Sammlung Prinzhorn Inv. Nr. 4234

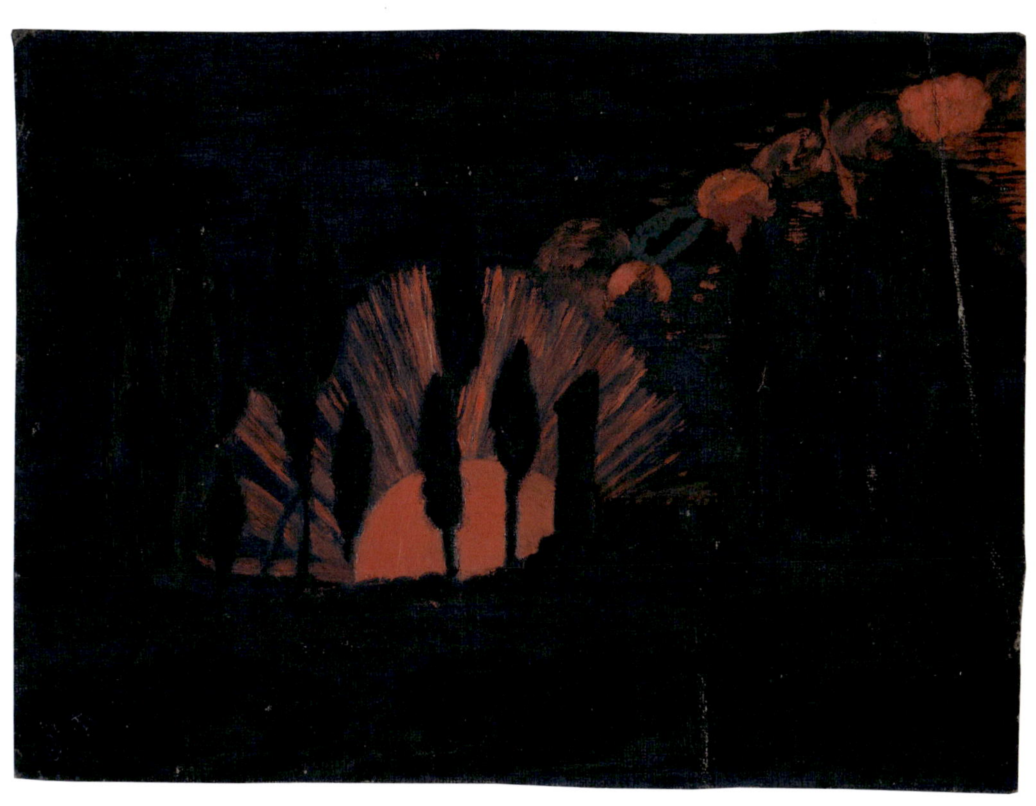

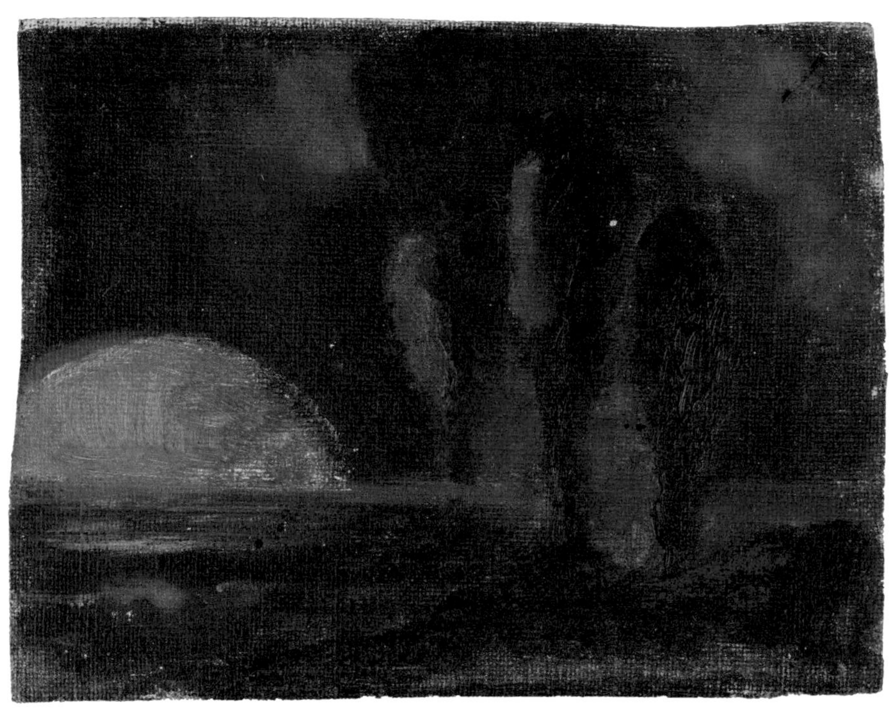

 o.T. [Nächtliche Landschaft], Öl auf Leinwand, vor 1920, Sammlung Prinzhorn Inv. Nr. 4221

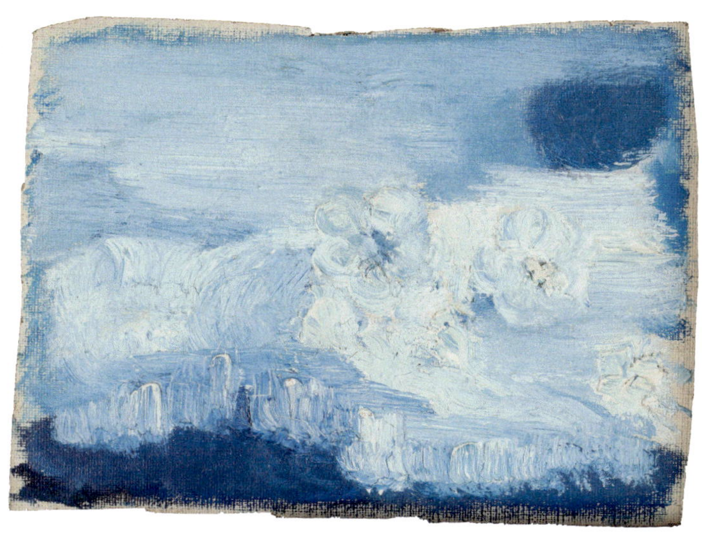

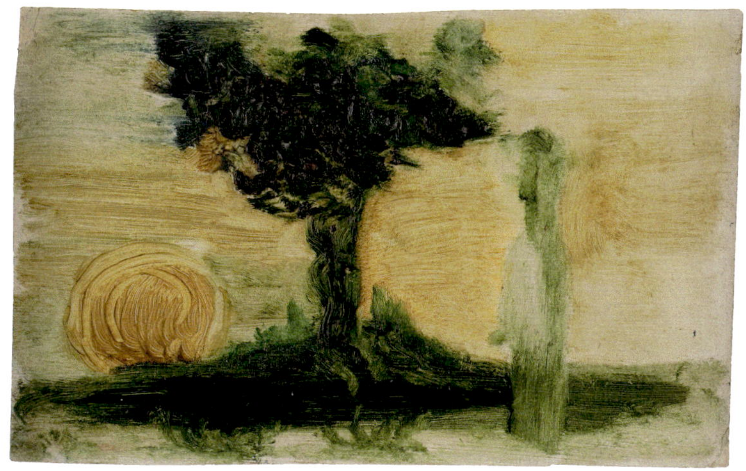

o.T., Öl auf Leinwand, vor 1920, Sammlung Prinzhorn Inv. Nr. 4257
o.T. [Mensch und Sonne], Öl auf Leinwand, vor 1920, Sammlung Prinzhorn Inv. Nr. 4217

 o.T., Öl auf Zeichenpapier, vor 1920, Sammlung Prinzhorn Inv. Nr. 4258

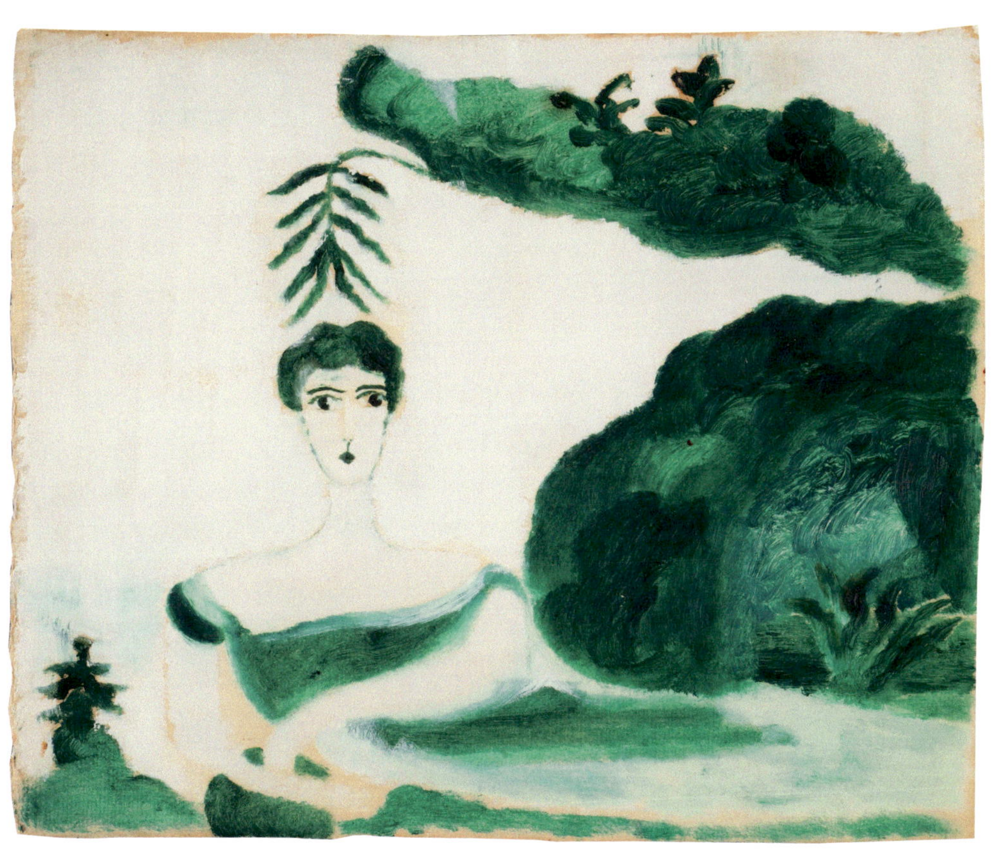

 o.T., Öl auf Leinwand, vor 1920, Sammlung Prinzhorn Inv. Nr. 4206

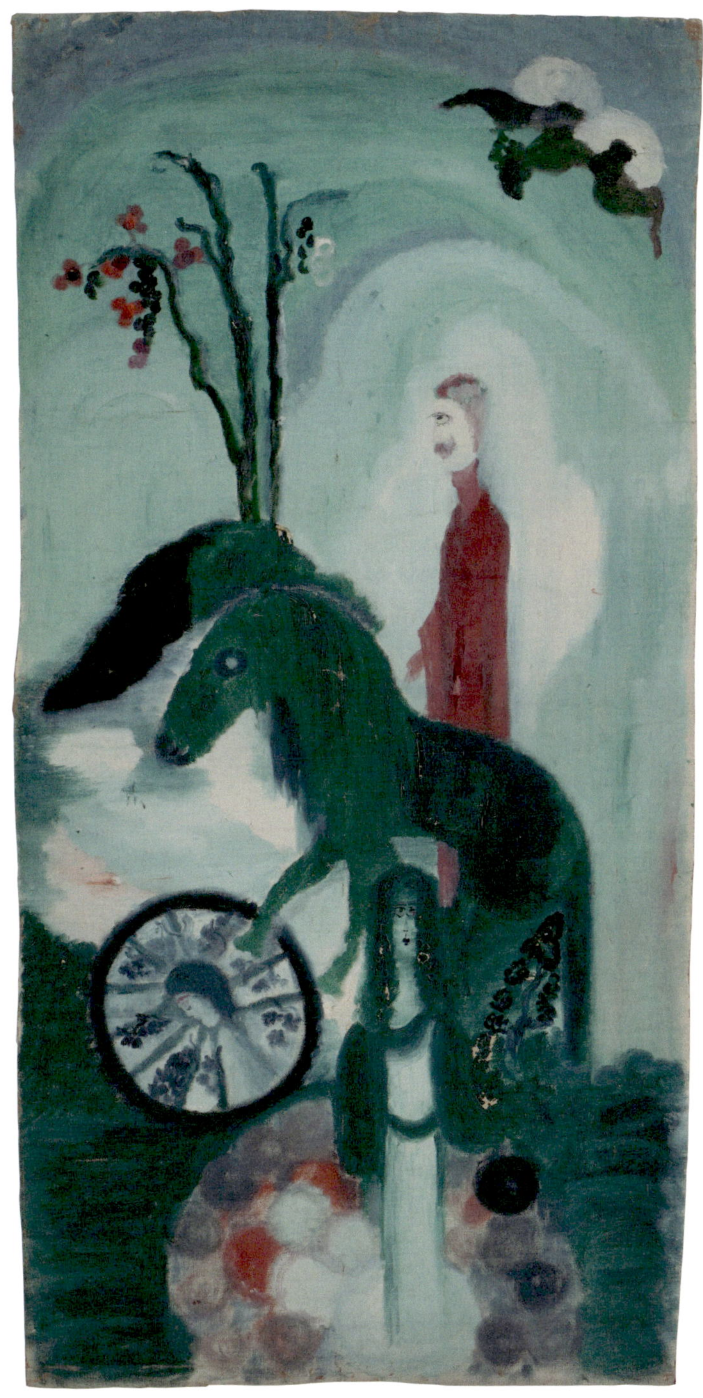

o.T., Öl auf Leinwand, vor 1920, Sammlung Prinzhorn Inv. Nr. 4302

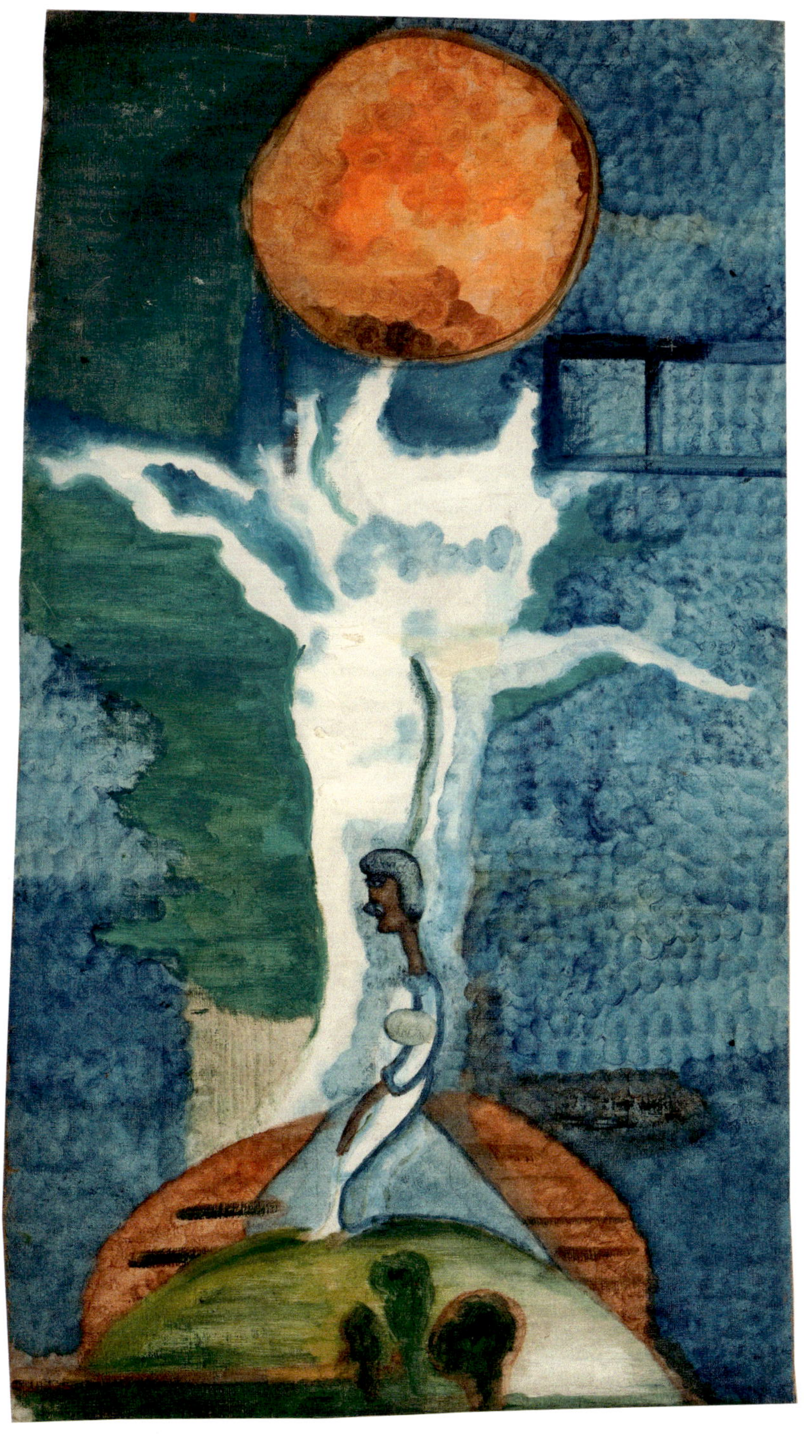

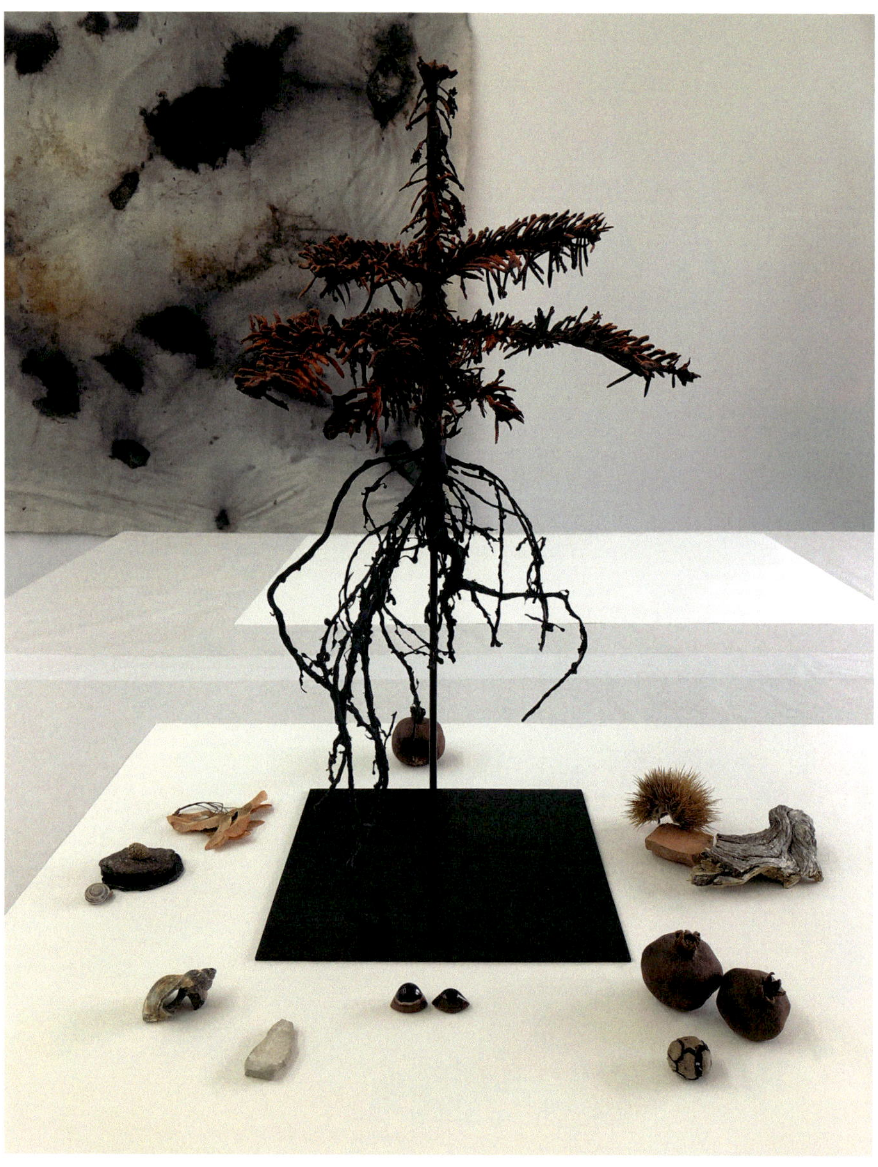

Sabine Kuehnle, o.T. [Hommage an Else Blankenhorn], Bronze, Farbe und diverse Fundstücke, 2018, Atelieransicht

Else Blankenhorn und der Himmel über dem Bellevue

Sabine Kuehnle

Den Werken Else Blankenhorns begegnete ich erstmals 2009 in der Ausstellung *Surrealismus und Wahnsinn* in der Sammlung Prinzhorn in Heidelberg. Ich wusste sofort, dass ich mehr über sie und ihr Schaffen erfahren wollte. Durch Doris Noell-Rumpeltes, die Blankenhorn-Expertin der Sammlung, durfte ich nach und nach ihr umfassendes Œuvre kennenlernen (Danke, Doris!). Vor allem die in Blankenhorns Werk inhärente Auferstehungsthematik und ihre künstlerische Umsetzung hat mich stark beeindruckt und passte gut zu meiner damaligen Beschäftigung mit dem Orpheus-Mythos. So entstand die Idee einer Rauminstallation, in der sich Orpheus und Else begegnen und in einen Dialog treten – zwei, die in übermenschlicher Mission versuchen, die Geliebte beziehungsweise alle beerdigten, doch nicht verstorbenen Liebespaare wieder ins Leben zurückzuholen.

Während der Recherche für dieses Projekt besuchte ich Orte, die im Leben von Else Blankenhorn eine Rolle spielten. Welche Landschaft prägte sie? Was hat sie inspiriert? Meine Reise führte mich von Karlsruhe über Müllheim in die Schweiz. Auf dem Gelände des ehemaligen Sanatoriums Bellevue in Kreuzlingen dann die Ernüchterung: Das Haus Tannegg, das 1906 zum Zuhause und Schaffensort von Else wurde, existierte nicht mehr. Neubauten machten sich auf dem Gelände breit. Das umgebaute Haupthaus, weitere renovierte Gebäude, ein kleiner Bestand alter Bäume und einige Backsteinreste sind die einzigen Zeugnisse ihrer Zeit, die ich dort noch finden konnte. Ich habe mich ins Gras gelegt und in den Himmel geschaut. Große, schöne, weiße Wolken, wie sie in manchen Gemälden und Zeichnungen von Else auftauchen, zogen vorüber. Da war sie dann zu finden. Else Blankenhorn. Im Wolkenheim.

Das Oben, das Unten und beider Umkehrung thematisierte ich als einen Aspekt in der Mixed Media Installation *Orpheus & Else, oder die Überfülle des Lebendigen* (2015). Neben der Installation, die auf der Metaebene den Mythos von Orpheus und Eurydike behandelt, wollte ich ihr, Else Blankenhorn, noch eine weitere, sehr persönliche Arbeit widmen. Vorbild hierfür war das „Tännchen“, das als Schutzelement durch ihr gesamtes Werk mäandert. Meine Hommage an sie, ein mit den Wurzeln schwebendes Tännchen aus Bronze, spielt auch auf die innere Heimatlosigkeit an, die oft Bedingung für ein Künstlerdasein ist.

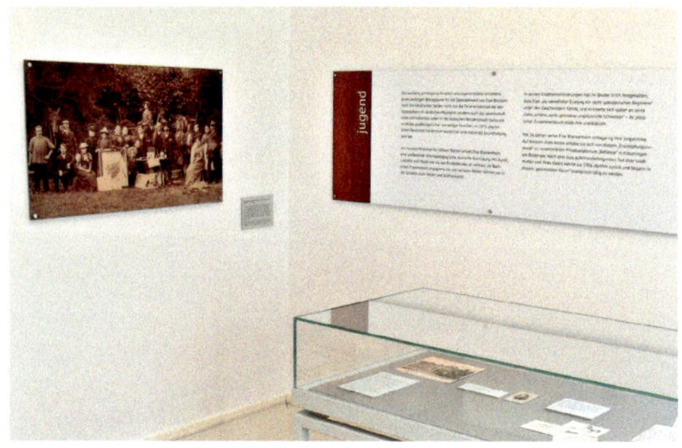

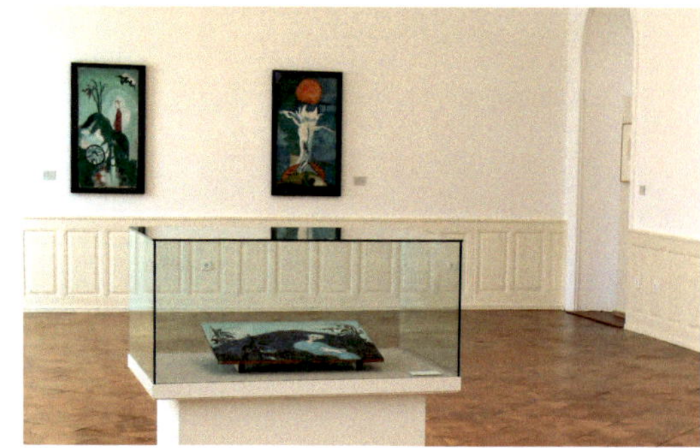

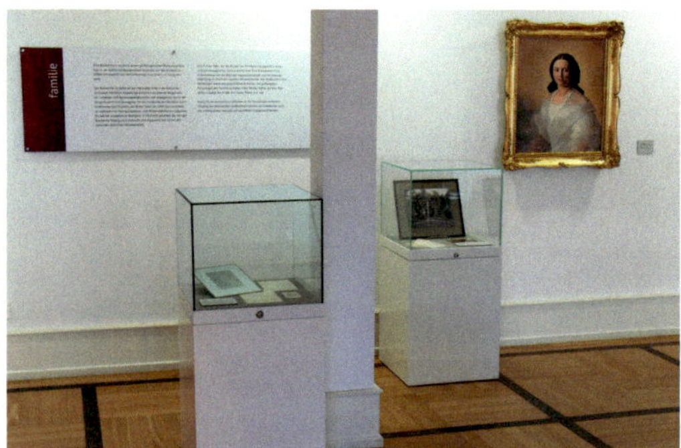

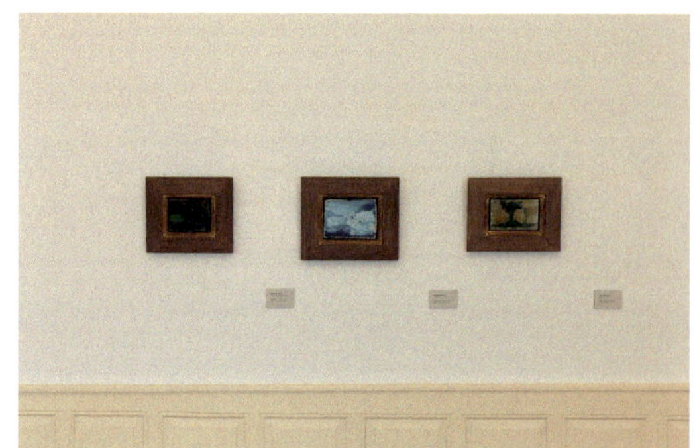

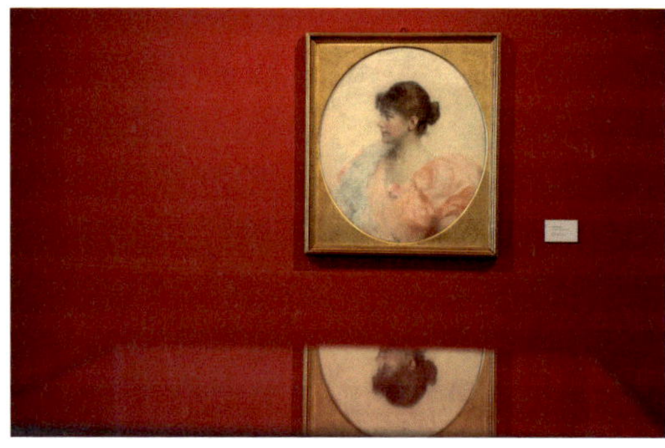

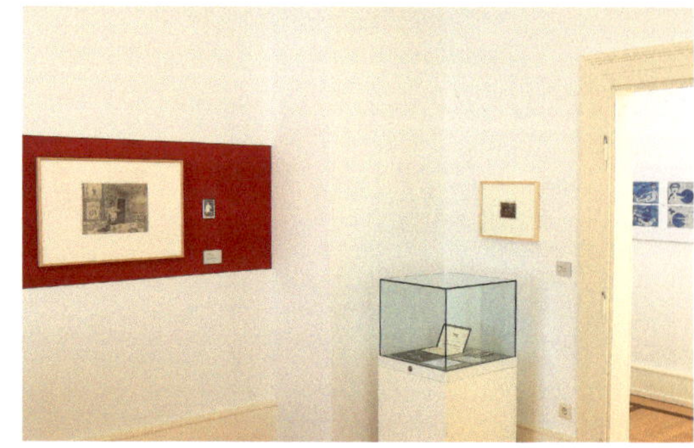

Ausstellungsimpressionen, fotografiert von Frédéric Letellier

Ausstellungsimpressionen

Frédéric Letellier

Klarheit, Ruhe, Weniger ist mehr war das formulierte Ziel des Kuratorenteams. Neben den ausgewählten, mit Abstand voneinander gehängten Werken Else Blankenhorns verdeutlichen vier Texttafeln den Ausstellungszusammenhang in vier Räumen: Familie – Jugend – Banknoten – künstlerisches Werk. Im Wintergarten finden sich der Einführungstext in die Ausstellung und die Biographie Else Blankenhorns – zusammen mit der zeitgenössischen künstlerischen Intervention von Sabine Kuehnle.

Gemeinsam mit der Grafikerin Andrea Eberle haben wir uns als Leitfarbe für das dunkle Rot aus dem Ölbild *Sängerin* entschieden. Else Blankenhorns Wahl war auf Rubinrot gefallen – in der Kunstgeschichte symbolisiert dieser Farbton das Blut Christi, das Leben und die Liebe. Die Eingangswand mit ihrem Porträt von Ferdinand Keller ist in diesem Rot gehalten, eine zarte Bleistiftzeichnung ist mit dem kräftigen Farbton unterlegt, und wer genau hinsieht, kann in den roten Flächen auf den Texttafeln auch den Pinselduktus von Else Blankenhorn erkennen.

Die kleineren Kabinette führen, mit Gemälden sowie Zeichnungen, Fotografien und historischen Dokumenten, in Einzelaspekte der Biografie ein. Der große Ballsaal im Blankenhorn-Palais, in dem die Eltern Else Blankenhorns 1868 ihre Hochzeit feierten, bietet die Möglichkeit, die Weite ihrer *eigensinnigen Welten* in einer Werkauswahl, gruppiert nach den Themen „Paare“ – „Landschaften“ – „Religiöse Motive“, zu zeigen. An der Stirnseite laden zwei großformatige Allegorien zur ausgiebigen Betrachtung und Vertiefung ein.

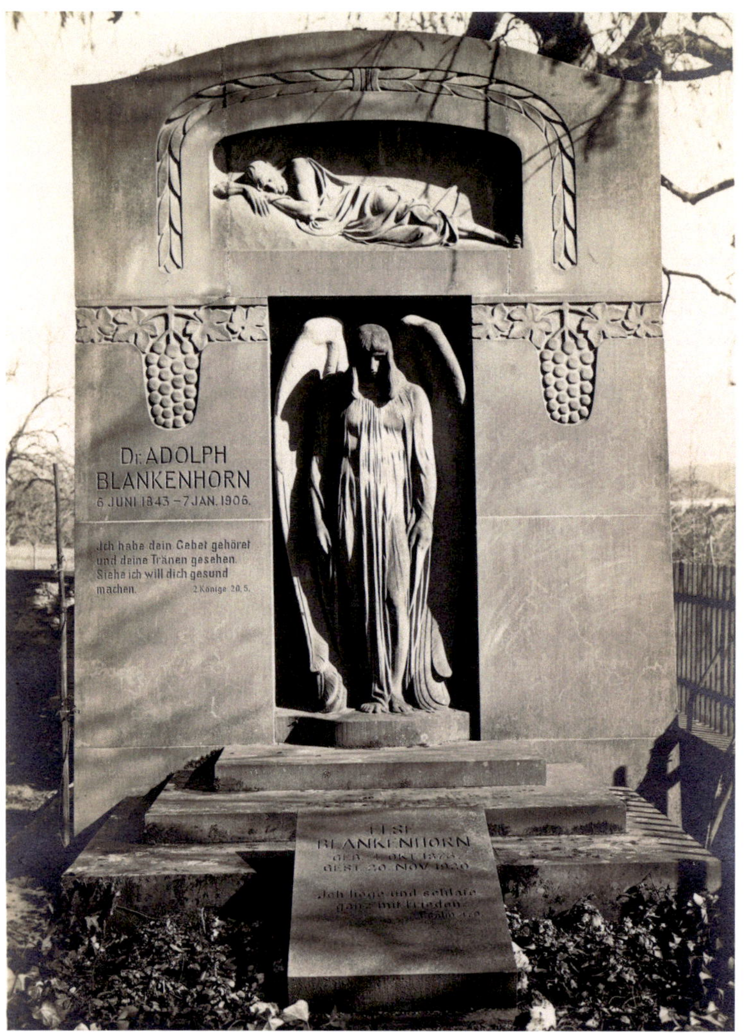

Grabstätte der Familie von Adolph und Adolphine Blankenhorn von Prof. Hermann Volz mit der Grabplatte für Else Blankenhorn auf dem Friedhof Müllheim, Fotografie von 1925, Markgräfler Museum Inv. Nr. F 3110

Else Blankenhorn und Müllheim im Markgräflerland. Berührungspunkte zwischen Biographie und Werk

Jan Merk

Auf dem Alten Friedhof der Stadt Müllheim im Markgräflerland erinnert eine schlichte Steinplatte an Else Blankenhorn, 1873–1920. Als älteste Tochter des Weinbauprofessors Adolph Blankenhorn (1843–1906) ruht sie im Familiengrab. Der monumentale Gedenkstein für die Eltern wurde 1907 vom Karlsruher Bildhauer und Akademieprofessor Hermann Volz (1847–1941) in den Formen des Jugendstils und Neoklassizismus gestaltet. Umrahmt von Blattornamentik und stilisierten Traubenpflanzen zeigt er im oberen Teil das fein gearbeitete, naturalistische Relief eines liegenden, von Anstrengungen erschöpften und tiefe Ruhe ausstrahlenden Pilgers in römischem Gewand. Im Mittelpunkt wacht ein überlebensgroßer, als geflügelter Jüngling dargestellter Engel über die Familie und spendet Trost und Hoffnung. Auf der davor platzierten Grabplatte für Else Blankenhorn stand lange der Psalm 4:9: „Ich liege und schlafe ganz mit Frieden.“[1]

In Stadt und Region ist bis heute wenig über Leben und Werk von Else Blankenhorn bekannt. Dass sie wegen einer psychischen Erkrankung in einem Sanatorium und kurzzeitig in einer Klinik lebte, war vor hundert Jahren ein Tabu. Ihre künstlerische Tätigkeit dort blieb lange Zeit verborgen – ebenso die Faszination ihres zeitweiligen Mitpatienten Ernst Ludwig Kirchner (1880–1938), der einige ihrer Werke zu Gesicht bekam. „Traumhaft visionäre Dinge“ bringe diese Malerin zur Darstellung, urteilte der Expressionist gegen Ende des Ersten Weltkriegs: „Die Farben sind mit einer fast unglaublichen Feinfühligkeit nebeneinander gesetzt, rein und stark, nur dem Gefühl entspringend, spotten sie jeder akademischen Lehre. Man sieht, daß sie rein impulsiv nur dem Ausdruck der Empfindung dienen. So wachsen diese Bilder zu Kunstwerken höchster Art.“[2] Dass ihre Bilder heute viele Betrachter tief berühren und die in der Heidelberger Sammlung Prinzhorn aufbewahrten Werke seit rund vier Jahrzehnten international ausgestellt und erforscht werden, ist nicht mehr mit der Herkunftsregion ihrer Familie in Bezug gesetzt worden.

Was verbindet diese außergewöhnliche Künstlerin mit der Stadt Müllheim und dem Markgräflerland, welche Berührungspunkte lassen sich hier zu ihrem in vielem rätselhaften, vielseitig interpretierbaren Werk finden? Mit diesen Fragen wandte sich die Heidelberger Kunsthistorikerin Doris Noell-Rumpeltes an das Markgräfler Museum, nachdem sie 2003 die Leitung des Hans-Prinzhorn-Archivs übernommen hatte. Intensiv forschte sie auch über die Lebensstationen in Karlsruhe und am Bodensee.

Für ihren in dieser Publikation in Auszügen wiedergegebenen grundlegenden Text zu Else Blankenhorn für die Ausstellung *Expressionismus und Wahnsinn* konnte das Markgräfler Museum 2003 aus seinen damaligen Beständen das erste und bislang einzige pu-

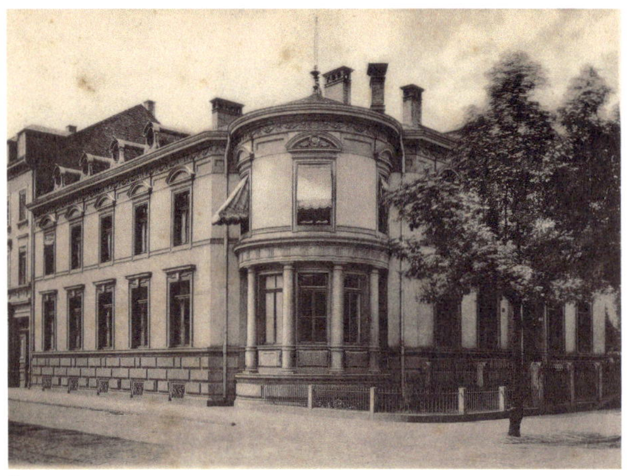

Önologisches Institut von Prof. Dr. Adolph Blankenhorn in Karlsruhe mit Privatwohnung im Obergeschoß, erbaut 1872–1875 durch die Architekten Kerler und Bayer, Markgräfler Museum Inv. Nr. F 3116

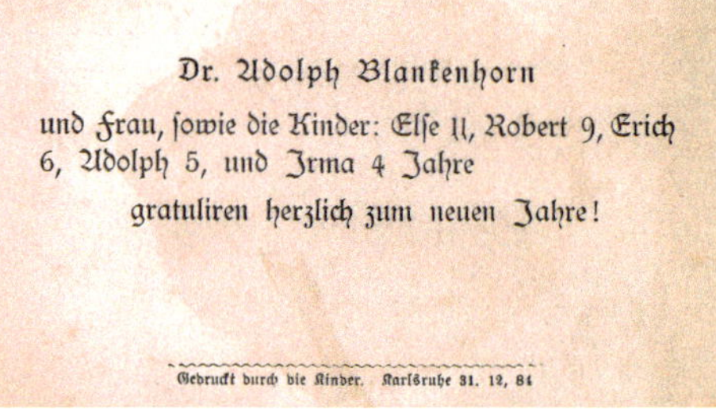

Dr. Adolph Blankenhorn
und Frau, sowie die Kinder: Else 11, Robert 9, Erich 6, Adolph 5, und Irma 4 Jahre
gratuliren herzlich zum neuen Jahre!

Gedruckt durch die Kinder. Karlsruhe 31. 12. 84

Neujahrskarte aus der „Kinderdruckerei" zum Jahreswechsel 1884/1885, Markgräfler Museum FAB 13

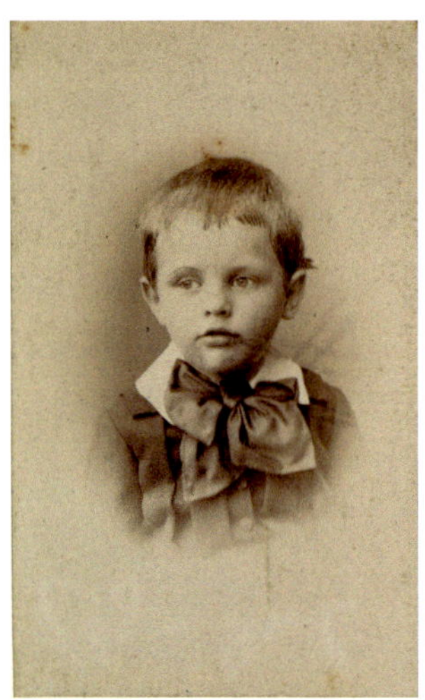

Kinderbild des gehörlosen Bruders Adolph Blankenhorn, Markgräfler Museum Inv. Nr. F 3111

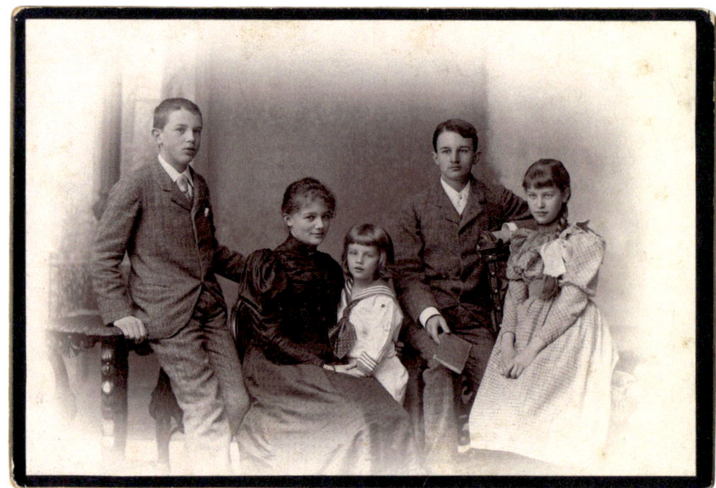

Die fünf Geschwister Blankenhorn in Karlsruhe um 1894: Erich, Else, Fritz, Robert und Irma, Markgräfler Museum Inv. Nr. F 3112

blizierte Porträtfoto von Else Blankenhorn beisteuern, neben familiengeschichtlichen Informationen und der Abbildung des imposanten Ölgemäldes *Der Alchimist* von Ferdinand Keller (1842–1922), der seit Studientagen mit Adolph Blankenhorn befreundet war. Keller wirkte fast vier Jahrzehnte lang als Direktor der Großherzoglich Badischen Kunstakademie Karlsruhe und zählt zu den bedeutenden Historienmalern der zweiten Hälfte des 19. Jahrhunderts in Deutschland, bekannt für seine Porträts und allegorischen Darstellungen. *Der Alchimist* versinnbildlicht Adolph Blankenhorns wissenschaftliche Arbeit. Mit diesem Werk im elterlichen Haus wuchs Else Blankenhorn auf.[3]

Privilegierte Familie

Heute hängt das Bild in der Beletage des Markgräfler Museums, im „Blankenhorn-Zimmer", wo spätbarockes und biedermeierliches Mobiliar sowie zahlreiche goldgerahmte Familienporträts aus der Hand Ferdinand Kellers einen anschaulichen Eindruck vom großzügigen Lebenszuschnitt wohlhabender Markgräfler Winzer- und Weinhändlerfamilien geben. Auch die Blankenhorns zählten zur regionalen Elite der kleinen badischen Amtsstadt Müllheim. Seit der Förderung des Weinbaus durch den Markgrafen und ersten Großherzog Karl Friedrich von Baden im ausgehenden 18. Jahrhundert waren sie nicht nur in der Landwirtschaft, sondern auch mit ausgedehnten Weingütern und im regionalen und überregionalen Weinhandel erfolgreich. Zum bürgerlichen Selbstverständnis gehörte die Übernahme von gesellschaftlicher Verantwortung. Weibliche Familienangehörige taten sich durch Stiftungen hervor und leisteten karitative Arbeit. Männliche Familienangehörige amtierten als Vereinsvorstände, als liberale Bürgermeister, Landtags- und Reichstagsabgeordnete.[4]

Geboren wurde Else Blankenhorn am 4. Oktober 1873 in Karlsruhe, wo ihr Vater mutig und ambitioniert ein neues Kapitel der Familiengeschichte aufschlug: Im Wissenschaftszeitalter war er der erste Naturwissenschaftler in der Familie. Er hatte in Heidelberg Chemie studiert und widmete sich der Erforschung des Weinbaus an der Hochschule Karlsruhe.[5] So wuchs Else als älteste Tochter von insgesamt sechs Geschwistern in einem großbürgerlichen Professorenhaushalt in der badischen Residenzstadt auf. Die behütete, privilegierte Kindheit und Jugend bildete zeitlebens einen wichtigen Bezugspunkt in ihrer Gedankenwelt.

In seinen Familienerinnerungen hat ihr Bruder Erich festgehalten, dass Else „als verwöhnter Erstling ein recht gebieterisches Regiment"[6] unter den Geschwistern führte. Einer der wenigen erhaltenen und humorvoll verfassten Briefe aus der späten Schulzeit an ihre Mutter schließt selbstbewusst und sich eher auf einer Stufe mit den Eltern verortend: „Grüße Papa und die Kinder. Mit herzl. Kuss Deine treue Else. Erich lasse ich recht gute Besserung wünschen."[7] Auf einem Foto aus der Karlsruher Zeit mit ihren Geschwistern nimmt sie ganz die Rolle der verantwortungsvollen Ältesten ein, die – in der Mitte sitzend – dem jüngsten Bruder den Arm auf die Schulter legt und mit einem Lächeln direkt in die Kamera blickt.

„Weihnachten haben sie uns immer besondere Freude

gemacht, unsere Eltern. Der gewaltige Christbaum im Eckzimmer, war das ein Lichterglanz! Die schönen Sachen alle, die daran hingen, die goldenen Körbchen, die die Eltern von ihrer Hochzeitsreise von Italien mitgebracht hatten, und all die guten Sachen, an die wir uns jedesmal bald nach dem heiligen Abend naschenderweise heranmachten", hebt Erich Blankenhorn im Rückblick hervor. Und er erwähnt: „Wir hatten auch unsere eigene Druckerei in Karlsruhe. Neujahr mussten wir stets selbst die Gratulationskarten drucken." [8]

Auf einer der erhaltenen Kärtchen ist der 1879 geborene Bruder Adolph aufgeführt, der gehörlos war, früh in eine Anstalt in Stetten im Remstal gegeben wurde und dort 1923 im Alter von 44 Jahren starb. Auch die weiteren Geschwister hatten sehr unterschiedliche Lebenswege, alle teilten jedoch ausgeprägt musische oder historische Interessen. Der Zweitälteste, Robert (1875–1947), lebte nach seinem Militärdienst im Ersten Weltkrieg als unverheirateter Rechtsanwalt zurückgezogen in Müllheim, wo er sich mit Literatur, Geschichte, dem Geigenspiel und Gartenarbeit beschäftigte.

Die drei Jüngeren gründeten eigene Familien. Erich (1878–1963) wurde Offizier, war nach dem Ende des Kaiserreichs in der Weimarer Republik Polizeichef in Baden und konnte sich nach der Absetzung durch die Nationalsozialisten dem Aufbau des Badischen Armeemuseums und der Familiengeschichte widmen. Irma (*1880) verheiratete sich 1905 mit dem Arzt Dr. Ernst Draudt in Darmstadt und zog zwei Töchter groß. Der Nachzügler Fritz (1889–1954), vom Vater zunächst als Nachfolger ausersehen, wurde Opernsänger und war zunächst als Bariton, dann als lyrischer Tenor in Anstellungen unter anderem in Bern, Berlin und lange Jahre in Hannover engagiert.

Ein zartes Pastell von Ferdinand Keller zeigt Else Blankenhorn 1894, im Alter von 21 Jahren, als bezaubernde junge Dame der Karlsruher Gesellschaft, deren Musikalität und hohe Bildung allenthalben gerühmt wurde: Selbstbewusst und zugleich nachdenklich, empfindsam in die Ferne blickend. Es ist anzunehmen, dass diese Auftragsarbeit sie so darstellt, wie sie in der Familie gesehen wurde, womöglich auch, wie sie sich selbst sah. 25 Jahre später betont der Müllheimer Stadtpfarrer Oskar Ludwig Lauer in seiner Trauerrede die glückliche Kindheit und Jugend eines „frohe[n] Menschenkind[s], das mit klarem Geist in Welt und Leben schaute und die Schönheit und Herrlichkeit der Gotteserde gierig trank und erfasste, ein frohes Menschenkind, dem sich erkennend, lernend der Blick weitete, das mit reichen Gaben und schönen Talenten ausgerüstet, mit empfänglicher Seele in sich aufnahm, was hohe und edle Kunst den Menschen zu geben vermag" [9].

In Karlsruhe war es die Verbindung zu Ferdinand Keller, die der ganzen Familie den Zugang zur Kunstszene des Karlsruher Historismus bot. Ausstellungen, Theater, Konzerte gehörten zum Alltag. In den Familienunterlagen hat sich auch eine Einladungskarte des Schriftstellers Viktor von Scheffel erhalten. Nicht nur im Elternhaus, sondern auch durch den Schulbesuch als „höhere Tochter" im Victoria-Pensionat in Karlsruhe erwarb Else Blankenhorn eine umfassende musische Bildung. In Müllheim war es vor allem die Großmutter

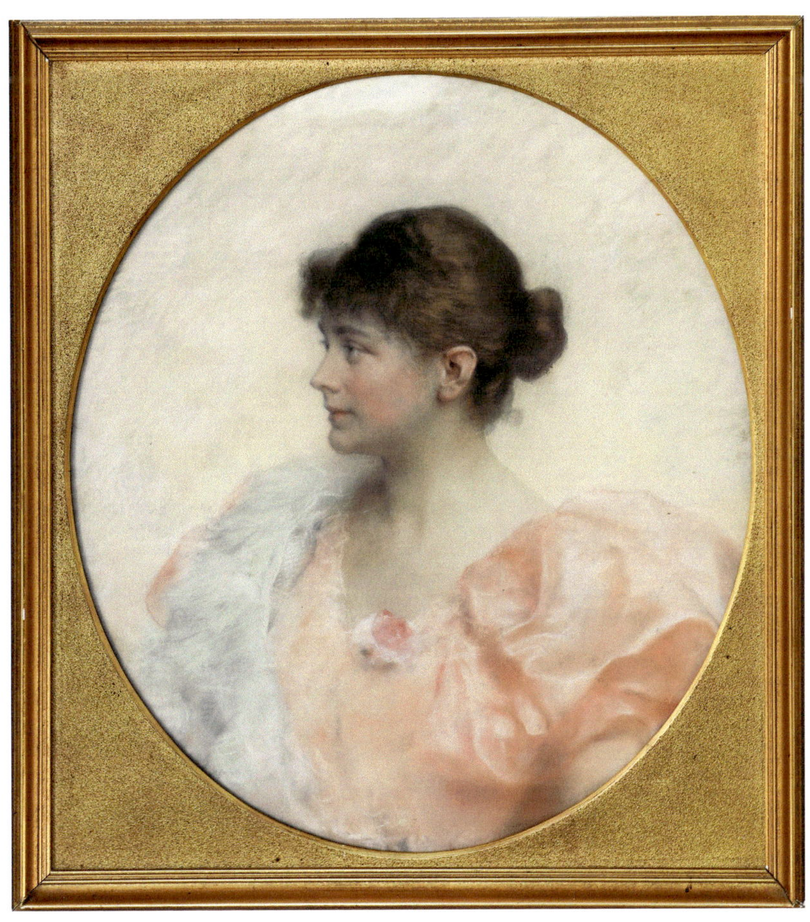

Ferdinand Keller, Porträt von Else Blankenhorn, Pastellzeichnung auf Karton, 1894, Markgräfler Museum Inv. Nr. KBFEK 012

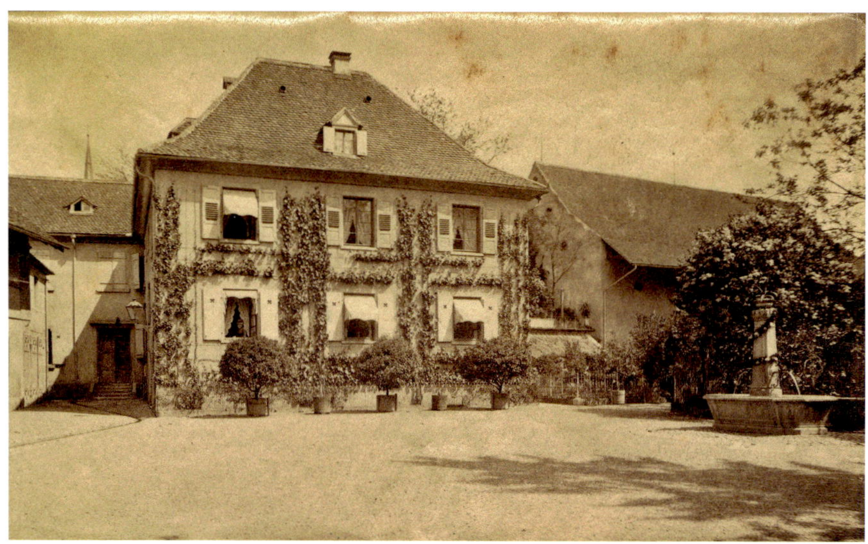

Wohnhaus der Großmutter Judith Blankenhorn in Müllheim, um 1890, Markgräfler Museum Inv. Nr. F 3113

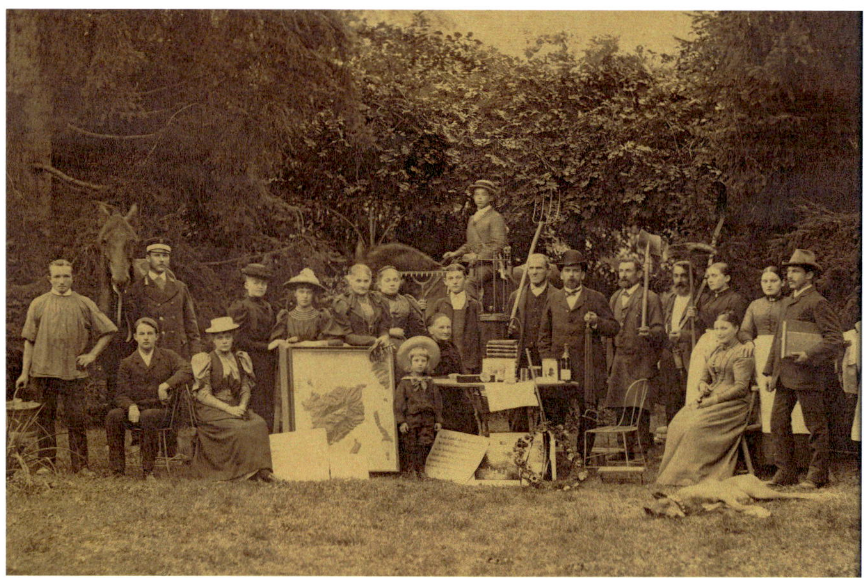

Fotografie der Familie Blankenhorn mit Bediensteten auf dem Gut der Großmutter Friederike Blankenhorn in Müllheim, 6. Juni 1895
Stehend von links nach rechts: Melker Brandenberger, Kutscher Greiner, Cousine Elise, Tochter Irma, Mutter Adolphine Blankenhorn, Anna Frey (Gesellschafterin), Gärtnergehilfe, zu Pferd Sohn Erich, Gärtner Ullmann, Vater Adolph Blankenhorn, Gärtner Fieß, Gärtner Welchlin, Frau Ullmann (Zimmermädchen), Köchin Marie Hecklin, Gutsverwalter Albert Fünfgeld (nicht auf dem Bild: Küchenmagd Selma Wechlin), sitzend von links nach rechts: Sohn Robert, Tochter Else, Sohn Fritz, Großmutter Friederike Blankenhorn und Katharina Roth geb. Blankenhorn, Markgräfler Museum Inv. Nr. 387

väterlicherseits, Judith Blankenhorn (1811–1894), die ihr Interesse an Kunst und Kultur an die Enkelkinder weitergab. Nach einer Pensionatszeit in der französischen Schweiz führte sie nach ihrer Heirat ein geselliges Haus mit viel Musik. Ihr 1873 verstorbener Mann hatte eine große Bibliothek mit deutscher und französischer Literatur sowie historischen und philosophischen Werken aufgebaut, darunter „Rousseau und Voltaire, die deutschen liberalen Historiker Rotteck, Häuser und Schlosser“[10]. Vielseitig interessiert, verfügte Judith Blankenhorn über eine große „Begeisterungsfähigkeit für alles Edle und Schöne“ und einen „Sinn für die besondere Welt der Künstler“. In späteren Jahren war sie regelmäßig in den Wintermonaten Gast in der Karlsruher Familie ihres Sohnes und genoss die dortigen gesellschaftlichen und kulturellen Anregungen, vor allem das Theater.[11]

Intensive Naturerfahrung

Neben Kunst, Literatur und Musik war es die Natur, die die Kindheit und Jugend der Geschwister Blankenhorn prägte, nicht zuletzt durch die wissenschaftliche Naturbeobachtung des Vaters. „An vielen Sonntagen unserer Jugendzeit fuhr die ganz Familie in einer Karlsruher ‚Drotschke‘ ins Rüppurer Wäldchen. Dort wurden Pflanzen und Getier gesammelt, um Aquarium, Terrarium und Herbarium zu füllen“, erinnert sich Erich Blankenhorn. „In den großen Ferien gings mit Kind und Kegel nach dem Stoos oberhalb Brunnen am Vierwaldstätter See in der Schweiz. (...) Dabei wurde vom Stoos natürlich alles mitgeschleppt, womit die Sammlungen in Karlsruhe bereichert werden konnten. Steine von allen Dimensionen, Alpenrosen und sonstige Flora mit und ohne Wurzeln. Ja sogar schwarze lebende Salamander waren einmal unsere Reisebegleiter.“[12]

Im ländlichen Müllheim verband das intensive Leben mit der Natur die verschiedenen Generationen der Familie. Viele Ferienaufenthalte verbrachten die Geschwister bei ihren beiden geliebten Großmüttern – der „Bubengroßmama“ Judith Blankenhorn in der Krafftgasse, bei der der Vater mit den Söhnen logierte, und der „Mädchengroßmama“ Friederike Blankenhorn (1823–1905), bei der die Mutter mit den beiden Töchtern wohnte. Bei einem Gang durch die Müllheimer Oberstadt kann man noch heute die stattlichen Anwesen bewundern, in denen sie sich aufgehalten haben. In den Weinbergen, den ausgedehnten Gärten und Parks der Familie, bei Ausflügen ins Markgräflerland oder auf dem familieneigenen Weingut Blankenhornsberg am Kaiserstuhl boten sich den Kindern eindrucksvolle Anregungen.

Vom Blankenhornsberg schwärmt der Bruder Erich: „Die Pracht der Pfingstnelken, die ungezählten Arten von Orchideen, die herrlich schmeckenden schwarzen Eisenkirschen (...), die Masse von Trauben, an ihrer Spitze der süße Gutedel, und all das Getier am Boden und in der Luft, sind dies nicht alles Ideale herrlichster Art für junge Kinderherzen!“[13] Noch sein Sohn, der Diplomat Herbert Blankenhorn (1904–1991), berichtet von der erfüllten Erinnerung seines Vaters an Aufenthalte in Müllheim: „Es muß eine schöne Zeit gewesen sein im badischen Oberland, wo es alles in Überfülle gab: den Wein, die großen Gärten, die oft aus südlichen Ländern stammenden großen Bäume, das köstliche

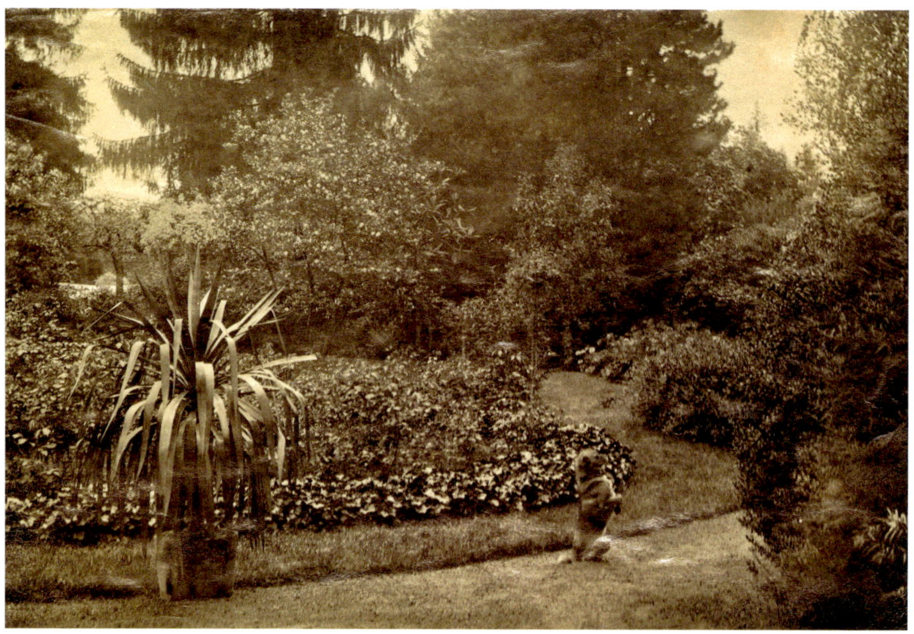

Blick in den Park von Friederike Blankenhorn mit mediterranen Pflanzen, Markgräfler Museum Inv. Nr. F 3114

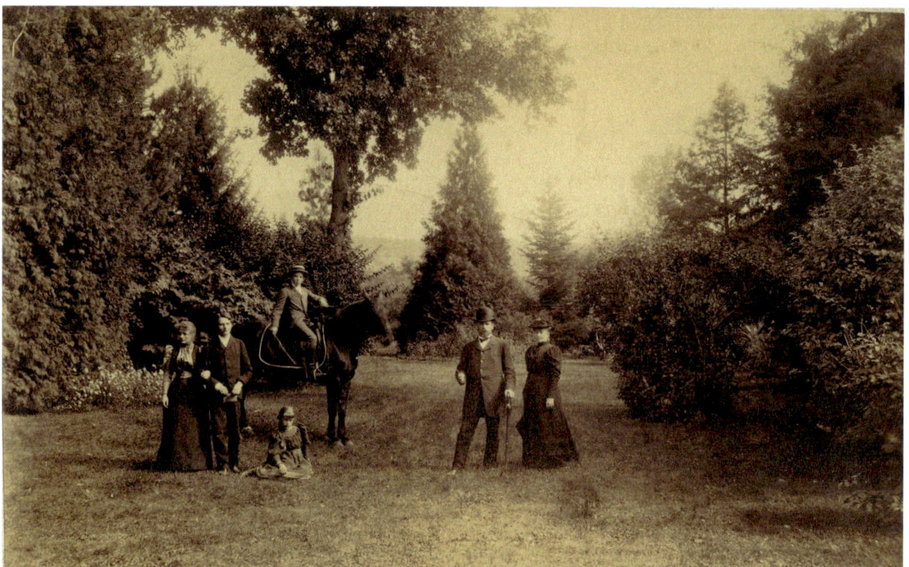

Fotografie der Familie Blankenhorn in Friederike Blankenhorns Park, um 1895.
Von links nach rechts: die Geschwister Else Blankenhorn, Robert Blankenhorn, zu Pferd Erich Blankenhorn, sitzend Irma Blankenhorn, der Vater Adolph Blankenhorn und die Cousine Elise Blankenhorn, Markgräfler Museum Inv. Nr. F 379

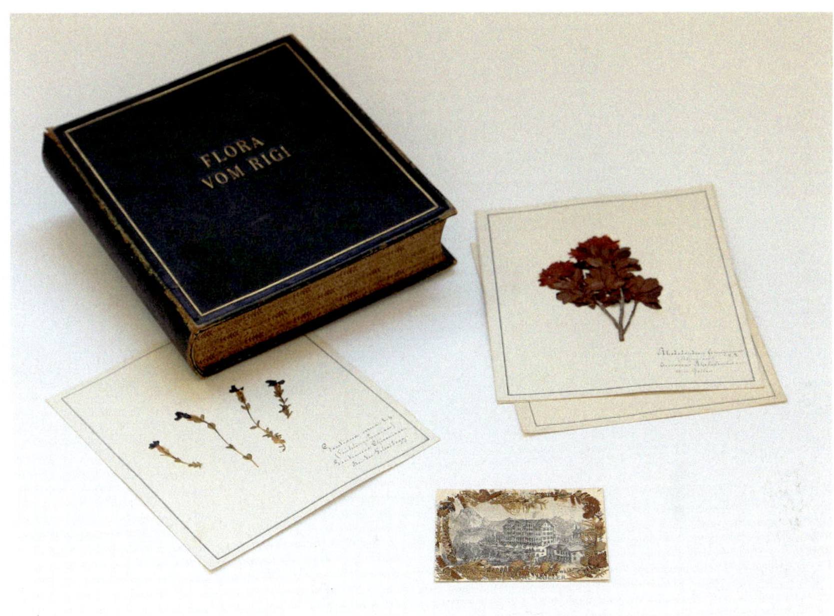

Album *Flora vom Rigi* mit getrockneten Pflanzen von Adolph Blankenhorns Mitarbeiter Wagenmann, angefertigt für die Kinder anlässlich eines Ferienaufenthalts in der Schweiz, im Vordergrund eine von Else Blankenhorn mit Pflanzen gestaltete Postkarte, Markgräfler Museum Inv. Nr. GR 601 und KBEBl 02

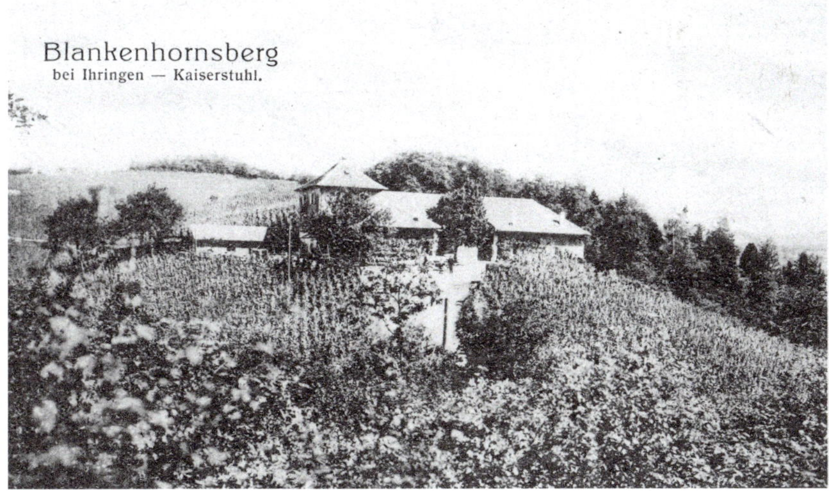

Postkarte des Weinguts Blankenhornsberg bei Ihringen am Kaiserstuhl, Markgräfler Museum Inv. Nr. P 1654

Obst, Pferde, Wagen, wo es morgens in Krügen kühlen Most, Brot und Wurst für alle gab, die bereits seit sechs Uhr in der Frühe im Weinberg geschafft hatten."[14]

Bei beiden Großmüttern lernten die Enkelkinder wirtschaftliche Verantwortung und soziales Engagement kennen. Judith Blankenhorn, die die vier Kinder ihrer früh verstorbenen Schwester bei sich aufnahm, war 1852 Mitbegründerin und langjährige Aufsichtsratsvorsitzende der Müllheimer Kleinkinderschule. Friederike Blankenhorn, früh verwitwet, führte jahrzehntelang einen großen Weinbau- und Landwirtschaftsbetrieb. Von der Gründung 1866 bis zu ihrem Tod 1905 war sie Präsidentin des wohltätigen Badischen Frauenvereins in der Stadt und stand in persönlichem Verkehr mit der Großherzogin Luise als Schirmherrin.[15]

„Die Krone ihres Lebens war ihr Garten", berichtet Erich Blankenhorn fast hymnisch: „Sie hatte ihn selbst geschaffen und im Laufe der Jahre bis auf die ansehnliche Ausdehnung von 3 Morgen gebracht. Es war ein Kunstwerk, das sie der Natur mit ihren vielen Reizen abgesehen hatte. Wunderbare Pflanzen aus allen Ländern waren hier zusammengetragen. Prachtvoll waren die Rasenplätze gehalten, herrlich die vielen Blumen. Den Mittelpunkt des Schönen bot das hübsche, hölzerne Gartenhäuschen am Fuße der gewaltigen Blutbuche, umgeben von Palmen und Pälmchen mit dem Blick auf einen am Tannenwäldchen gelegenen Springbrunnen.

Wenn des Morgens im Sommer die Sonne mit ihren ersten Strahlen hinter dem Blauen aufsteigend nach dem Garten grüßte, und frische Tauperlen überall glitzerten, da dauerte es nicht lange, bis die Herrin dieses schönen Reiches ihren ersten Rundgang machte. Hatten sich die bei ihr zu Gast befindlichen Städter erhoben, um an dem wohlausgestatteten Frühstückstisch ihre erste Freude zu haben, da hatte sie schon manche Stunde ihres Amtes als sorgsame Pflegemutter ihres Gartens und ihrer Blumen gewaltet."[16] Hier muss sich auch Else Blankenhorn wohl gefühlt haben, und viele florale Motive ihrer späteren Zeichnungen und Gemälde hat sie vermutlich hier erstmals entdeckt.

Belastungen

Im Mittelpunkt der Familie stand die Ausnahmepersönlichkeit des Vaters Adolph Blankenhorn. Als einer der ersten Önologen erwarb er sich große wissenschaftliche Verdienste in der Bekämpfung der Reblaus, er war international vernetzt, Mitherausgeber der renommierten Fachzeitschrift *Annalen der Oenologie*, saß in wichtigen Fachkommissionen, zählte zu den Mitgründern des Oberbadischen Weinbauvereins sowie, als Gründungspräsident im Jahr 1874, des Deutschen Weinbauvereins.

Schon früh von schwacher Gesundheit, hatte Adolph Blankenhorn seine Schulzeit teils in Müllheim bei Privatlehrern, teils in Karlsruhe auf dem Gymnasium, teils in Vevey am Genfer See verbracht. Als glücklichste und gesundheitlich stabilste Zeit bezeichnete er die Jahre des Chemiestudiums in Heidelberg, wo er Freundschaften für sein Leben schloss, viele Anregungen erhielt und 1864 bei Robert Bunsen (1811–1899) promovierte. Nach einigen Jahren praktischer Arbeit auf den Familiengütern kehrt er 1867 zur Wissenschaft zurück, habilitierte sich und wurde 1881 zum Professor ernannt. Doch sein Wunsch, dass der badische Staat ein weinbauwissenschaftliches Institut unter seiner Leitung gründen würde, erfüllte sich zeitlebens nicht. So fasste er 1872 den Entschluss, ein Institut aus eigenen Mitteln zu errichten und zu betreiben – in der Hoffnung, den Staat mit erfolgreicher Arbeit von der Notwendigkeit einer solchen Einrichtung zur Verbesserung des Weinbaus überzeugen zu können. Mit ungeheurer Energie widmete er sich dieser Aufgabe, die von der Familie hautnah miterlebt wurde, da Institut und Privatwohnung unter einem Dach untergebracht waren: „Im Laboratorium war von Anfang an Hochbetrieb. Das Oenologische Institut gewann an Ansehen. Eine Ausstellung jagte die andere. Alle Länder wurden von Vater beschickt. Die Korrespondenz war gewaltig. Wissenschaftler, hochgestellte Persönlichkeiten aller Art, und viele Neugierige kamen. Es interessierte sie, was getrieben wurde in einem oenologischen Institut. Präparate aller Art wurden in Massen angefertigt und versandt."[17] Einer der Besucher, der badische Pfarrer, Dichter, Politiker und Gründer der Winzergenossenschaft Hagnau, Heinrich Hansjakob (1837–1916), berichtet 1878: „Ich habe selten einen geistig lebhafteren Mann kennen gelernt als diesen Herrn, der die rastloseste Geistesarbeit aufwendet für den Weinbau, nicht blos in Deutschland, sondern in allen europäischen Staaten."[18]

Die unermüdliche Arbeit, die Doppelaufgabe der Führung eines wissenschaftlichen Instituts in Karlsruhe und eines Weinguts in Müllheim und am Kaiserstuhl, immer wieder anfallende Entscheidungen eigene Mittel in die selbstgewählte, der Allgemeinheit dienende Aufgabe zu investieren, der hohe Anspruch an sich selbst und auch gegenüber der Familie als verantwortungs- und liebevoller Ehemann, Vater und Sohn, führten schließlich Anfang der 1880er-Jahre zu einer Überlastung. In den veröffentlichten Quellen ist von einem schweren Nervenleiden die Rede, „das ihn zwang, seine wissenschaftliche Tätigkeit einzuschränken"[19]. Phasen tiefer Niedergeschlagenheit und persönlichen Rückzugs wechselten sich mit kurzen Zeitspannen konzentrierter Arbeitsfähigkeit ab.

Die Wertschätzung für Adolph Blankenhorn in der Fachwelt zeigte sich nicht nur in der Verleihung des Professorentitels, sondern auch darin, dass er nach der Niederlegung seiner Amtsgeschäfte 1881 zwölf Jahre lang jeweils einstimmig wieder zum Präsidenten des Deutschen Weinbauvereins gewählt wurde, auch wenn die Vizepräsidenten die Geschäfte kommissarisch führten. 1893 schließlich wurde er Ehrenpräsident.[20]

Es gibt kaum Zeugnisse darüber, wie seine Ehefrau Adolphine (1845–1928) mit diesen Herausforderungen umgegangen ist. Nach und nach wurden die größeren Kinder, auch einer Familientradition folgend, ins Pensionat oder zu befreundeten Familien in Pension gegeben. Zum Jahreswechsel 1898/99 hatte Adolph Blankenhorn in einer gedruckten Grußkarte mitgeteilt: „Seit Juni 1898 bin ich in der unübertrefflichen Anstalt des Herrn Dr. Binswanger zur Kur und hoffe hier endlich meiner Krankheit mit Gottes Hilfe Herr zu werden."[21] Nach kurzer Zeit in Kreuzlingen, die aber nicht den vom ihm erhofften Erfolg brachte, nahm er Quartier bei einer Konstanzer Familie: „Hier, an den lieblichen Ufern des Bodensees, fern von dem unsteten

Getriebe des modernen Stadtlebens und von aufreibender geistiger Überspannung", heißt es in einem Nachruf, „hier schien sein Geist in stiller Naturbetrachtung an dem Wellenschlage des Sees Erholung und Kräftigung zu finden."[22]
Wie seine Tochter Else Blankenhorn diese Belastungen erlebt hat, ob eine unglückliche Liebe zu einem adligen Reiteroffizier eine wesentliche Rolle beim plötzlich eintretenden Verlust ihrer Singstimme mit 26 Jahren im Jahr 1899 spielte oder ganz andere, unbekannte Faktoren, das ist mit den vorliegenden regional- und familiengeschichtlichen Zeugnissen nicht zu klären. Ihr Bruder, der Familienchronist Erich Blankenhorn, schreibt in einer kurzen Notiz: „Unvergessen bleibt die liebe, schöne, zarte, gebildete, unglückliche Schwester", der in „den Jahren ihrer Blüte (...) die sie schützende Hand" fehlte.[23]

Der Schutzraum im Bellevue

Ihren Schutzraum, so Doris Noell-Rumpeltes, fand Else Blankenhorn im Privatsanatorium Bellevue in Kreuzlingen am Bodensee unter der Leitung der Familie Binswanger. Hier erholte sie sich ab 1899 in einer in einem Park gelegenen Villa von ihrem ernsten „Erschöpfungszustand"[24], konnte aber erst 1902 für kurze Zeit nach Heidelberg und sodann zu ihrer Großmutter Friederike nach Müllheim ziehen, wo sich ihr Zustand weiter stabilisierte. Auch eine Mittelmeerreise mit ihrer Mutter ist überliefert.
Möglicherweise stammen aus dieser Zeit eine von ihr arrangierte Fotografie sowie eine frühe künstlerische Arbeit. Von der seit Kindertagen fotografierenden Else hat sich in den Familienunterlagen ein Abzug erhalten, der sie in üppiger Natur unter einem großen, ausladenden Baum stehend zeigt. Sie kann das Foto nicht selbst aufgenommen, vielleicht aber das Motiv erdacht und inszeniert haben (vgl. Abb. S. 69). Aus späteren Jahren gibt es mehrere überzeichnete und übermalte Fotopapiere. Ein bislang unbekanntes Werk zeigt das Heidelberger Schloss. Äste eines im Vordergrund stehenden Baumes und dunkle Blumen am hellen Himmel überwölben die Ruine (vgl. Abb. S. 67). Ob dieses Werk bei ihrem kurzen Aufenthalt 1902 in Heidelberg, in der Zeit danach in Müllheim oder erst deutlich später in Kreuzlingen entstanden ist, bleibt Spekulation.
In einem Ölgemälde, das Else Blankenhorn aus der Erinnerung in Blautönen gehalten auf ihr Malbrett aufbrachte, kommt ihre enge Verbundenheit mit der Natur der Region um Müllheim deutlich zum Ausdruck (vgl. Abb. S. 17). Der hoch aufragende Berg im Hintergrund lässt sich klar als der höchste Gipfel des Markgräfler Landes, der Hochblauen, am Übergang von der Rheinebene zum Schwarzwald identifizieren. Verschmolzen mit der Natur, eingebettet in die sich schützend über ihren Kopf rankenden Weinreben und die dunklen Tannenwälder, sitzt sie im Vordergrund, zart, vornehm gekleidet, geschminkt und frisiert, ein Buch in den schmalen Händen haltend, ein weißes Kreuz auf ihrem Schoß. Seitlich blickt sie am Betrachter vorbei, reflektierend – sucht sie ein Gegenüber, schaut sie in die Vergangenheit? Das Bild strahlt Ruhe und Geborgenheit aus.[25]
Vielleicht hätte Müllheim nach 1902 für die mittler-

weile über dreißigjährige Else Blankenhorn zu einem Ort mit einem festen, äußeren Rahmen für ihre weitere Lebensgestaltung werden können – ähnlich, wie es Jahrzehnte später für ihren ledigen Bruder Robert der Fall war, der in einem gemeinsamen Haushalt mit seiner Cousine Elise Blankenhorn (1858–1946) die Stadt als Rückzugsort wählte. Doch für Else brach wohl eine Welt zusammen, als kurz nacheinander zwei wichtige Bezugspersonen starben, am 31. Oktober 1905 die Großmutter Friederike und am 7. Januar 1906 früh und unerwartet der Vater. Das Erbe wurde verteilt, die Mutter wohnte in Karlsruhe, kein weiterer enger Angehöriger lebte zu diesem Zeitpunkt in der Stadt, und Else Blankenhorn begab sich im Herbst 1906 erneut ins Bellevue.

Im schweizerischen Kreuzlingen am Bodensee, wo sie im Sanatorium als „Patientin erster Klasse“ von einer persönlichen Pflegerin betreut wurde, begann Else Blankenhorn 1908, neben der Beschäftigung mit Literatur, dem Musizieren auf dem Harmonium, dem Schreiben und Komponieren, bildnerisch tätig zu werden. „Dr. Binswanger's Cur-Anstalt“ zog in diesen Jahren zahlreiche Künstler und Schriftsteller an, die das Sanatorium als „Nervenaufbügelungsinstitut erster Ordnung“ rühmten. Es wurde zu „einem der wichtigsten Orte geistiger und kultureller Begegnung am Bodensee“.[26] Nicht zuletzt wurde hier der selbsttherapeutische Ansatz weiterentwickelt, die heilenden Kräfte künstlerischer Tätigkeit zu nutzen.

Meist sehr zurückgezogen malte Else Blankenhorn nur für sich, gestaltete vor dem Hintergrund ihrer umfassenden Bildung und ihrer breiten Interessen ihre Lebensthemen und gab ihren Visionen, Phantasien, Ängsten und Wünschen zugleich so tief, eigenständig, neu und vielgestaltig Ausdruck, dass ihre Werke auch lange Zeit danach, seitdem sie zugänglich sind, viele Betrachter ansprechen und in ihren Bann ziehen.

Das intensive Naturerleben, das sie vor allem in Müllheim entwickeln konnte, kommt auch in der oben erwähnten Traueransprache in einer Passage über ihren Aufenthalt am Bodensee zur Sprache: „Sie hat sich dabei nicht unglücklich gefühlt“, so Pfarrer Oskar Ludwig Lauer, „sie hat sich auch als Kranke noch an Gottes schöner Welt freuen können und sich ihr feines Naturempfinden bewahrt, sie hat, wo sie auch war, Menschen um sich gehabt, die ihr Liebes taten, und die gut und freundlich mit ihr waren, und das hat ihr unendlich wohl getan. Es sind auch in diesen Krankheitsjahren die guten und edlen Züge ihres Wesens, vor allem der Zug der Güte offenbar geworden; sie hat sich der Tiere und Pflanzen erbarmt, nichts töten, nichts vernichten, nirgends wehe tun und verletzen war ihr Begehren; und sie war beglückt, wenn viele auf diese ihre Ideen eingingen.“[27]

Doris Noell-Rumpeltes hat das Werk Else Blankenhorns auch ein „Sehnsuchtsprojekt“ genannt – und das mag für vieles gelten: für das Harmonieempfinden in und mit der Natur, für das Gelingen großer sozialer Aufgaben, für religiöse Erlösung, nicht zuletzt für die Suche nach der idealen Paarbeziehung: „Dass sie sich während ihrer ganzen Zeit im Bellevue nicht von dieser Suche abbringen ließ, zeugt von immenser Widerstandskraft in ihrer Einsamkeit.“[28]

1 Vgl. Josef August Beringer, *Hermann Volz. Sein Leben und Schaffen*, Karlsruhe 1923, S. 83, 86 (Werkverzeichnis). Volz war mit Adolph Blankenhorn befreundet und hat u. a. das Denkmal für Robert Bunsen in Heidelberg, das Scheffel-Denkmal in Karlsruhe und mehrere Prachtgräber in der großherzoglichen Grabkapelle geschaffen. Auf der Steinplatte für Else Blankenhorn wurden später statt des Psalmtextes Name und Lebensdaten ihres ebenfalls im Familiengrab bestatteten Bruders Robert eingemeißelt.

2 Gerd Presler, *Ernst Ludwig Kirchner. Die Skizzenbücher: „Ekstase des ersten Sehens"*, Karlsruhe/Davos 1996, S. 407f.

3 Vgl. Friedrich Wilhelm Gaertner, *Ferdinand Keller*, Karlsruhe 1912, und Michael Koch, *Ferdinand Keller (1842–1922). Leben und Werk*, Karlsruhe 1978.

4 Jan Merk, „Professor Adolph Blankenhorn und seine Familie am Oberrhein. Pioniergeist, Gemeinsinn und soziale Verantwortung", in: *Badische Heimat* (1) 2018, S. 40 – 50.

5 Vgl. auch im Folgenden zu Adolph Blankenhorn: Karl Müller, „Adolph Blankenhorn", in: *Badische Biographien*. VI. Teil, Heidelberg 1935, S. 595 – 597; Fritz Fischer, „Adolph Blankenhorn. Ein Pionier des deutschen Weinbaus", in: *Das Markgräflerland* (1) 1961, S. 191 – 197; Günter Schruft, *Markgräfler Winzer – die ersten Mitarbeiter von Dr. Adolph Blankenhorn am Oenologischen Institut Karlsruhe*, Wiesbaden 2009; Markus Eisen, „Das Weingut Blankenhorn. Die Vettern Hermann und Adolph Blankenhorn", in: *Der Badische Winzer*, Heft 12 (2018), S. 44 – 45. Außerdem *Trauer-Feier für Professor Adolph Friedrich Blankenhorn*, Müllheim (Druckerei August Schmidt) 1906.

6 Erich Blankenhorn, *Dr. Adolph Blankenhorn und seine Familie 1600 –1925. Unserer Mutter zu ihrem achtzigsten Geburtstag in Dankbarkeit gewidmet von ihren Kindern*, Karlsruhe 1925, S. 63. Alle nicht gesondert nachgewiesenen familiengeschichtlichen Informationen sind diesem Werk entnommen. Vgl. Hans Leopold Zollner, „Erich Blankenhorn. Oberst der Landespolizei, Museumsleiter", in: *Badische Biographien Neue Folge*. Band I, Stuttgart 1982, S. 59 – 60, und zuletzt Wolfram Hartig, „Vor hundert Jahren. Erich Blankenhorn und die Gründung der badischen Sicherheitspolizei", in: *Das Markgräflerland*. Jahresband 2019, S. 88 – 110.

7 Undatierter Brief von Else Blankenhorn an ihre Mutter, Markgräfler Museum FAB 13.

8 Erich Blankenhorn, a.a.O., S. 63f.

9 Trauerrede für Else Blankenhorn (Handschriftliches Manuskript des Müllheimer Stadtpfarrers Oskar Ludwig Lauer), Markgräfler Museum FAB 13.

10 Herbert Blankenhorn, *Verständnis und Verständigung*, Frankfurt/Main 1979, S. 31. Vgl. Jan Merk, „Bücherschätze. Die ‚Badische Bibliothek' der Familie Blankenhorn im Markgräfler Museum Müllheim, in: *Badische Heimat* (1) 2020, S. 41–51.

11 Erich Blankenhorn, a.a.O., S. 32 – 38, Zitate S. 36.

12 A.a.O., S. 63.

13 A.a.O., S. 64.

14 Herbert Blankenhorn, a.a.O., S. 31f.

15 Erich Blankenhorn, a.a.O., S. 38 – 45; Astrid Siemes-Knoblich, „Friederike Blankenhorn und der Frauenverein 1859 –1905", in: *Das Markgräflerland*. Jahresband 2019, S. 51 – 62.

16 Erich Blankenhorn, a.a.O., S. 42f.; vgl. zur Bedeutung floraler Motive bei Else Blankenhorn: Ingrid von Beyme, „Else Blankenhorn", in *Gewächse der Seele. Pflanzenfantasien zwischen Symbolismus und Outsider Art*, Berlin 2019, S. 128 –133.

17 Erich Blankenhorn, a.a.O, S. 62.

18 A.a.O., S. 52.

19 Friedrich August Hoch, „Professor Dr. Adolph Blankenhorn. Ehrenpräsident des Deutschen Weinbau-Vereins", in: Beilage zu Nr. 12 *Weinbau und Weinhandel* 1906 [unpaginiert].

20 Ebd.

21 Gedruckte Postkarte zum Jahreswechsel 1898/1899, Markgräfler Museum FAB 11.

22 Friedrich August Hoch, a.a.O.; zum Gegensatz von Stadt und Land bei Adolph Blankenhorn vgl. auch die Darstellung von Herbert Blankenhorn, a.a.O., S. 31, der über seinen Großvater schreibt, er sei ein „Mann von großer Eigenwilligkeit und Unabhängigkeit, eng verbunden mit den einfachen Menschen" gewesen und habe sich „aus dem höfischen Glanz der Karlsruher Gesellschaft nur wenig" gemacht.

23 Notiz von Erich Blankenhorn, undatiert, Markgräfler Museum FAB 13. Er deutet an, der Umgang in falschen Kreisen habe ihren „feinsinnigen Geist" gebrochen. Den Hinweis auf eine unglückliche Liebe verdanke ich Doris Noell-Rumpeltes.

24 Doris Noell-Rumpeltes, „Else Blankenhorn", in: Bettina Brand-Claussen, Viola Michely (Hrsg.), *Irre ist weiblich. Künstlerische Interventionen von Frauen in der Psychiatrie um 1900*, Heidelberg 2004, S. 254f.

25 Das Bild ist zentral für die Müllheimer Ausstellung; vgl. das Ausstellungsplakat und die Besprechung von René Zipperlen: „Else Blankenhorn – die große Unbekannte aus Müllheim", in: *Badische Zeitung* vom 20.11.2020.

26 Vgl. Manfred Bosch, *Bohème am Bodensee*, Lengwil 1997, S. 401– 407, Zitate S. 401 und 403.

27 Trauerrede für Else Blankenhorn, a.a.O.

28 Doris Noell-Rumpeltes, „Else Blankenhorn: Patientin erster Klasse", in: Ingrid von Beyme, Thomas Röske (Hrsg.), *Einführung in die Sammlung Prinzhorn*, Heidelberg 2020, S. 30 – 31.

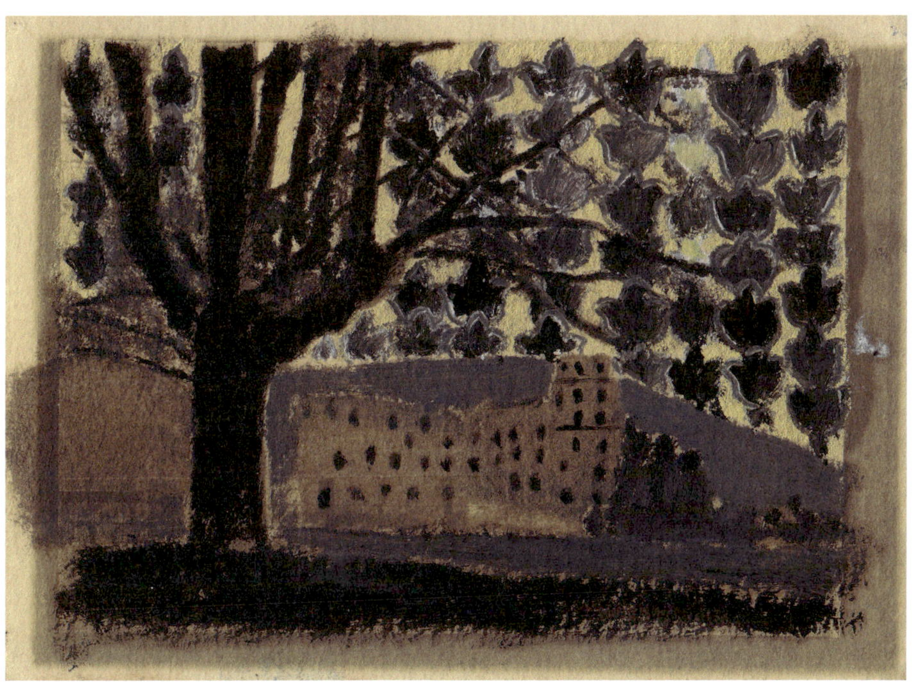

o.T. [Heidelberger Schloss], Übermaltes Fotopapier, nach 1902, Markgräfler Museum Inv. Nr. KBEBl 01

Vita Else Blankenhorn

Doris Noell-Rumpeltes

4. Oktober 1873
Geboren in Karlsruhe, älteste Tochter von Prof. Dr. Adolph Blankenhorn und Adolphine Blankenhorn geb. Blankenhorn, fünf Geschwister

1873–1906
Geschwisteraufenthalte bei den Großmüttern in Müllheim

bis 1890
Höhere Töchter-Schule Victoria-Pensionat (Schirmherrin Großherzogin Luise von Baden), umfassende reformpädagogisch-musische Bildung

14. April 1889
Konfirmation in Karlsruhe

1890–1899
Familienreisen in die Schweiz (Vierwaldstädter See, Stoos, Rigi) und nach Italien (Neapel, Sestri Levante)
Teilnahme am gesellschaftlichen Leben in der großherzoglich badischen Residenzstadt Karlsruhe
Klavier, Gesang, Fotografie

1899
Beunruhigung, Verlust der Singstimme ohne organischen Befund

1899–1902
Erholung in der privaten Cur-Anstalt Bellevue, Kreuzlingen (Dr. Binswanger)

Februar bis April 1902
Aufenthalt in Heidelberg, Hotel Elisabeth, anschließend Aufenthalt in Müllheim bei der Großmutter Friederike Blankenhorn

April bis Mai 1905
Reise mit der Mutter an die französische Riviera

1905–1906
Großmutter und Vater sterben innerhalb von zwei Monaten

September 1906
Fluchtartiger Rückzug in das Sanatorium Bellevue mit ihrer persönlichen Pflegerin Berta Pecoroni

1908
Beginn ihrer künstlerischen Tätigkeit: Malerei, Zeichnen, Bildteppiche, Übersetzungen

20. Februar 1919
Nach Ende des Ersten Weltkriegs Verlegung nach Deutschland in die Heil- und Pflegeanstalt Konstanz auf der Reichenau

Juli 1920
Krebserkrankung und Operation in Konstanz

20. November 1920
Gestorben mit 47 Jahren im Krankenhaus Konstanz
Überführung der Urne nach Müllheim,
Beisetzung im Familiengrab

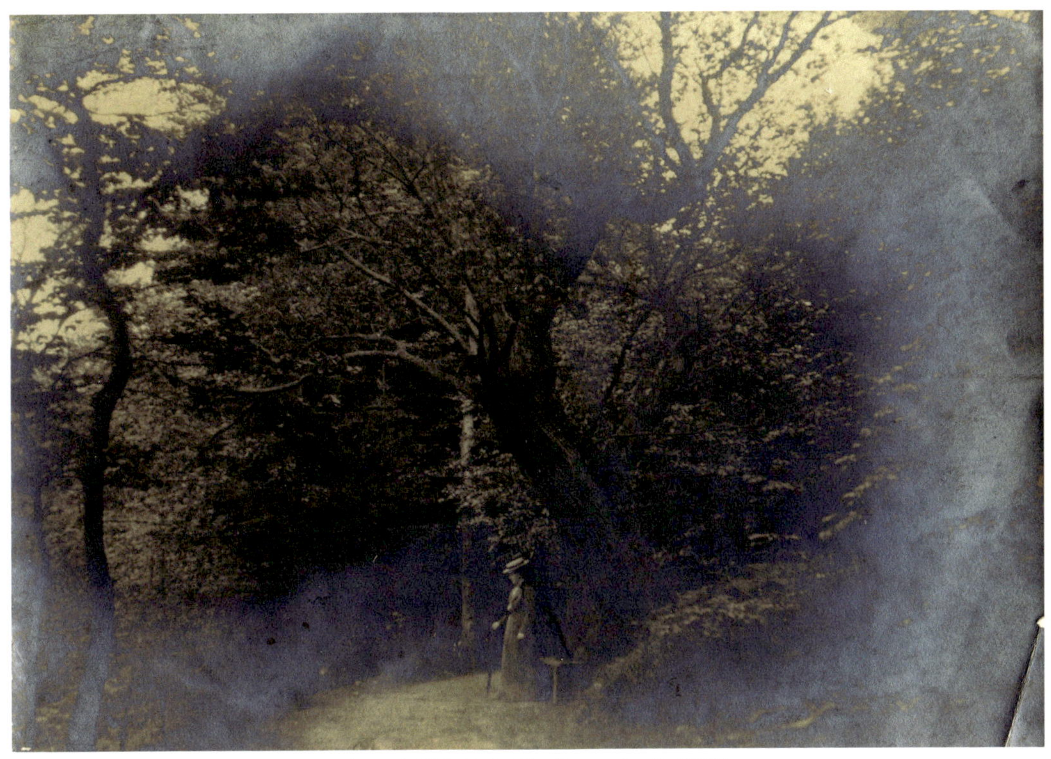

Else Blankenhorn unter einem Baum, Fotografie, nach 1902, Markgräfler Museum Inv. Nr. F 3115

Ausstellungsverzeichnis Else Blankenhorn

Sabine Hohnholz

DA Dauerausstellung, LA Landesausstellung,
WA Wanderausstellung

1929–1930

Exposition des artistes malades. Œuvres d'art morbide

Galerie Max Bine, Paris (Frankreich), 31. Mai bis 16. Juni 1929

Zeichnung und Malerei des Geisteskranken
L'Art et les maladies mentales. Dessins, peintures, sculptures, broderies

Gewerbemuseum Basel (Schweiz), 13. Oktober bis 3. November 1929

Musée d'art et d'histoire Genève (Schweiz), 16. Januar bis 16. Februar 1930

1930–1933

Bildnerei der Geisteskranken

Landesmuseum Darmstadt, 16. März bis 17. April 1930

Kunstverein Leipzig, 8. Januar bis 12. Februar 1933

1938

Entartete Kunst

Haus der Kunst, Berlin (Zweite Station der Wanderausstellung), 26. Februar bis 8. Mai 1938

1963

Bildnerei der Geisteskranken. Art Brut. Insania pingens

Kunsthalle Bern (Schweiz), 12. Juli bis 18. August 1963

1967

Sammlung Prinzhorn – Bildnerei der Geisteskranken

Centre psychiatrique Sainte-Anne, Paris (Frankreich), 7. Juni bis 25. Juni 1967

Ausstellung am VII. Internationalen Kongress für ärztliche Psychotherapie

Wiesbaden, August 1967

Bildnerei der Geisteskranken aus der Prinzhorn-Sammlung

Galerie Rothe, Heidelberg, 20. Oktober bis 22. November 1967

1968

Kunst van Geesteszieken.
Uit des kollektie Prinzhorn

Museum Fodor, Amsterdam (Niederlande), 15. März bis 10. April 1968

Art and Mental Health

Commonwealth Institute, London (Großbritannien), 1. bis 31. August 1968

1973

Bildnerei von psychisch Kranken

Rheinisches Landesmuseum Bonn, 14. März bis 23. April 1973

1977–1979

Die Prinzhornsammlung (DA)

Psychiatrische Universitätsklinik Heidelberg, 4. November 1977 bis 28. Februar 1979

1980–1981

Die Prinzhorn-Sammlung. Bilder, Skulpturen, Texte aus psychiatrischen Anstalten (ca.1890–1920) (WA)

Kunstverein Heidelberg, 24. Februar bis 30. März 1980
Kunstverein Hamburg, 1. April bis 12. Mai 1980
Württembergischer Kunstverein Stuttgart, 22. Mai bis 29. Juni 1980
Kunsthalle Basel (Schweiz), 12. Juli bis 24. August 1980
Haus am Waldsee, Berlin, 5. September bis 2. November 1980
Städtische Galerie im Lenbachhaus, München, 18. November 1980 bis 25. Januar 1981
Kunstmuseum Bochum, 1. Februar bis 29. März 1981

1984–1985

Selections from the Prinzhorn Collection (WA)

Krannert Art Museum, Illinois (USA), 10. November 1984 bis 6. Januar 1985
Lowe Art Museum, Coral Gables, Miami (USA), 23. Januar bis 24. Februar 1985
The David and Alfred Smart Gallery, Chicago (USA), 10. März bis 24. April 1985
Johnson Museum of Art, Ithaca (USA), 8. Mai bis 30. Juni 1885

1985

Ausstellung für Teilnehmer eines eintägigen Pharma-Kongresses

Psychiatrische Klinik Heidelberg, 1985

1986

„Leb wohl sagt mein Genie. Ordugele muß sein". Texte aus der Prinzhorn-Sammlung (WA)

Wilhelm-Hack-Museum, Ludwigshafen, 30. Januar bis 23. März 1986
Württembergischer Kunstverein Stuttgart, 31. Juli bis 14. September 1986

1991

Out of Control. Ars Electronica: „Beeinflussungsapparat nach Jedermann"

Galerie Firma Paradigma, Linz (Österreich), 9. September bis 27. September 1991

1995–1996

La beauté insensée. Collection Prinzhorn, Université de Heidelberg 1890–1920 (WA)

Palais des Beaux-Arts Charleroi (Belgien), 14. Oktober 1995 bis 28. Januar 1996

als „Wahnsinnige Schönheit. Kunst von Geisteskranken 1880–1920":

Heidelberger Schloss, Heidelberg, 31. März bis 28. April 1996

als „La Collection Prinzhorn":

Collection de l'Art Brut, Lausanne (Schweiz), 11. Juni bis 22. September 1996

als „Beyond Reason. Art and Psychosis: Works from the Prinzhorn Collection":

Hayward Gallery, London (Großbritannien), 5. Dezember 1996 bis 2. März 1997

als „Wahnsinnige Schönheit. Kunst von Geisteskranken 1880–1920“:
Kulturgeschichtliches Museum Osnabrück, 16. März bis 18. Mai 1997

1996
Arbeiten der Prinzhorn-Sammlung
Politischer Club Colonia, Köln, 15. September bis 25. Oktober 1996

1996–2007
Universitätsmuseums Heidelberg (DA)
November 1996 bis Januar 2007

1998
Figure dell' anima. Arte irregolare in Europa
Castello Visconteo, Pavia (Italien), 15. Januar bis 22. Februar 1998

2000
Ver-rückte Welten
Zentralkrankenhaus Bremen-Ost, 10. Mai bis 25. Juni 2000

2000–2001
The Prinzhorn Collection: Traces upon the Wunderblock (WA)
Drawing Center, New York (USA), 13. April bis 10. Juni 2000
Armand Hammer Museum, Los Angeles (USA), 1. Juli bis 17. September 2000
Museu d'Art Contemporani de Barcelona, Barcelona (Spanien), 26. Januar bis 25. März 2001

2001–2002
Vision und Revision einer Entdeckung
Sammlung Prinzhorn Heidelberg, 14. September 2001 bis 17. März 2002

2002–2007
Landesgeschichte(n): 1914–1945 (DA)
Haus der Geschichte Baden-Württemberg, Stuttgart, 13. Dezember 2002 bis 1. Dezember 2007

2002–2003
Der Berg
(Teil der Ausstellung des Kunstvereins Heidelberg)
Sammlung Prinzhorn Heidelberg, 20. Oktober 2002 bis 19. Januar 2003

2002–2004
Wunderhülsen & Willenskurven. Bücher, Hefte und Kalendarien (WA)
Sammlung Prinzhorn Heidelberg, 19. Juni bis 8. September 2002
Galerie im Stadtmuseum Jena, 22. September bis 24. November 2002
als „‚Geheim Schrift‘. De Prinzhorncollectie“:
Museum Dr. Guislain, Gent (Belgien), 15. November 2003 bis 31. März 2004

2003–2005
Expressionismus und Wahnsinn (WA)
Holsteinisches Landesmuseum Schloss Gottorf, Schleswig, 14. September bis 14. Dezember 2003
Sammlung Prinzhorn Heidelberg, 17. März bis 19. Juni 2005

2004–2006

Irre ist weiblich. Künstlerische Interventionen von Frauen in der Psychiatrie um 1900 (WA)

Sammlung Prinzhorn Heidelberg, 28. April bis 25. September 2004

Kunstmuseum Thurgau, Ittinger Museum, Warth (Schweiz), 19. Juni bis 18. September 2005

Museum Dr. Guislain, Gent (Belgien), 7. Oktober 2006 bis 29. Januar 2007

2005–2006

Bern 1963: Harald Szeemann erfindet die Sammlung Prinzhorn

Sammlung Prinzhorn Heidelberg, 26. Oktober 2005 bis 30. April 2006

2006

Rough Magic. Inner Worlds Outside

Fundación La Caixa, Madrid (Spanien), 26. Januar bis 2. April 2006

„Kunst lebt! Die Welt mit anderen Augen sehen!" (LA)

Kunstgebäude am Schlossplatz, Stuttgart, 24. Mai bis 24. September 2006

Irr-sinnige Bilder. Ausstellung anlässlich der 18. Frankfurter Psychiatriewoche (Reproduktionen)

Stadtgesundheitsamt Frankfurt, 18. bis 22. September 2006

2007–2009

„Universumstulp". Klassiker der Sammlung Prinzhorn

Sammlung Prinzhorn Heidelberg, 29. November 2007 bis 6. April 2008

als „Classic Works from Hans Prinzhorn Collection":

Rogaland Museum of Fine Arts, Stavanger (Norwegen), 2. November 2008 bis 11. Januar 2009

2008–2009

Loss of Control

Marta Herford, 1. November 2008 bis 25. Januar 2009

2009

Prinzhorn Collection / Sammlung Prinzhorn (WA)

City Gallery Prague – Stone Bell House, Prag (Tschechien), 5. Februar bis 4. Mai 2009

Stift Admont (Österreich), 1. Juni bis 9. November 2009

Arte, genio e follia

Santa Maria della Scala, Siena (Italien), 30. Januar bis 21. Juni 2009

Text-Wahn-Sinn. Literarisches aus der Sammlung Prinzhorn

Sammlung Prinzhorn Heidelberg, 18. März bis 7. Juni 2009

2009–2010

Surrealismus und Wahnsinn

Sammlung Prinzhorn Heidelberg, 25. November 2009 bis 14. Februar 2010

2010

Heidelberger Skizzen – Valentin Hauri und die Sammlung Prinzhorn

Sammlung Prinzhorn Heidelberg, 17. März bis 6. Juni 2010

„Vergissmeinnicht". Einblicke ins Anstaltsleben um 1900 / „Forget me not". Insights into Asylm Life around 1900

Sammlung Prinzhorn Heidelberg, 8. Juli bis 31.Oktober 2010

2011

Ver-rückt. Von Kirchner bis heute – Künstler reagieren auf die Sammlung Prinzhorn (Faksimiles)

Forum für Kunst Heidelberg, 6. Mai bis 19. Juni 2011

Von Kirchner bis heute – Künstler reagieren auf die Sammlung Prinzhorn. Jubiläumsausstellung zum 10jährigen Bestehen des Museums

Sammlung Prinzhorn Heidelberg, 7. Mai bis 14. August 2011

2012 – 2013

Rotations. Eine Videoinstallation von Javier Tèllez zu Werken der Sammlung Prinzhorn

Sammlung Prinzhorn Heidelberg, 25. Oktober 2012 bis 10. Februar 2013

2013

Loss of Control II

Musée Félicien Rops, Namur (Belgien), 25. Januar bis 5. Mai 2013

Objekt des Monats. Ausstellungsreihe der Heidelberger Universitätsmuseen und Sammlungen

Universitätsbibliothek Heidelberg, 1. April bis 2. Mai 2013

2014

Egodokumente des Wahnsinns. Blalla W. Hallmann und Künstler der Sammlung Prinzhorn

Sammlung Prinzhorn Heidelberg, 15. Mai bis 17. August 2014

Krieg und Wahnsinn. Kunst aus der zivilen Psychiatrie zu Militär und I. Weltkrieg. Werke der Sammlung Prinzhorn

Militärhistorisches Museum Dresden, 6. Juni bis 7. September 2014

2014 – 2015

Uniform und Eigensinn. Militarismus, Weltkrieg und Kunst in der Psychiatrie

Sammlung Prinzhorn Heidelberg, 2. Oktober 2014 bis 1. Februar 2015

2014 – 2015

Das Wunder in der Schuheinlegesohle (WA)

Galerie Scharf-Gerstenberg, Berlin, 29. November 2014 bis 8. April 2015

Sammlung Prinzhorn Heidelberg, 29. April bis 16. August 2015

2015 – 2016

Dubuffets Liste (September 1950) (WA)

Sammlung Prinzhorn Heidelberg, 17. Dezember 2015 bis 10. April 2016

Museum im Lagerhaus St. Gallen (Schweiz), 5. Dezember 2016 bis 15. März 2017

als „Dubuffet's List":
Museum het Dolhuys, Haarlem (Niederlande), 21. Juni bis 24. September 2017

2017–2018

La folie en tête. Aux racines de l'Art brut
Musée Victor Hugo, Paris (Frankreich), 16. November 2017 bis 18. März 2018

Prinzhorns Schweizer
Museum im Lagerhaus St. Gallen (Schweiz), 4. Dezember 2017 bis 12. März 2018

Das Team als Kurator. Neues und Unbekanntes aus der Sammlung Prinzhorn
Sammlung Prinzhorn Heidelberg, 14. Dezember 2017 bis 15. April 2018

2018–2019

Unruhe und Architektur
Sammlung Prinzhorn Heidelberg, 17. Mai bis 26. August 2018

Extraordinaire! Werke aus psychiatrischen Einrichtungen in der Schweiz um 1900
Sammlung Prinzhorn Heidelberg, 11. Oktober 2018 bis 20. Januar 2019

2019

Flying High. Künstlerinnen der Art Brut
Kunstforum Wien (Österreich), 15. Februar bis 23. Juni 2019

Gewächse der Seele. Pflanzenfantasien zwischen Symbolismus und Outsider Art
Sammlung Prinzhorn Heidelberg, 31. März bis 4. August 2019

2019–2020

die sammlung prinzhorn.! art brut vor der art brut
Museum Gugging (Österreich), 22. September 2019 bis 26. Januar 2020

2020

„Ein mehrfacher Millionenwerth". Fragile Schätze der Sammlung Prinzhorn
Sammlung Prinzhorn Heidelberg, 27. Mai bis 31. Oktober 2020

Die Sammlung Prinzhorn – von „Irrenkunst" zur Outsider Art (DA)
Sammlung Prinzhorn Heidelberg, seit 27. Mai 2020

Eigensinnige Welten. Die Malerin Else Blankenhorn (1873–1920)
Markgräfler Museum im Blankenhorn-Palais Müllheim, 20. November 2020 bis 27. Juni 2021

Auswahlbibliographie Else Blankenhorn

Sabine Hohnholz

Hans Prinzhorn, „Gibt es schizophrene Gestaltungsmerkmale in der Bildnerei der Geisteskranken?", in: *Zeitschrift für die gesamte Neurologie und Psychiatrie* 78 (1922), S. 512–531

L'art et les maladies mentales. Dessins, peintures, sculptures, broderies, Musée d'art et d'histoire Genève, Genf 1930

Hendrik Wiegersma, *Tegen den Draad in. Een nieuw licht op de Kunst van ‚wijzen' en ‚dwazen'*, Bussum 1950

Bildnerei der Geisteskranken – Art Brut – Insania pingens, Ausstellungskatalog Kunsthalle Bern, Bern 1963

Walter Ritter von Baeyer, Heinz Häfner, *Prinzhorns grundlegendes Werk zur Psychopathologie der Gestaltung, Psychopathologie und bildnerischer Ausdruck. Eine internationale ikonographische Sammlung* (Sandoz, Bildermappe 6. Reihe), Nürnberg 1964, Tafel 15 v

Bildnerei von psychisch Kranken – aus der Sammlung Prinzhorn Heidelberg, Ausstellungskatalog Rheinisches Landesmuseum Bonn, Bonn 1973

Die Prinzhornsammlung. Bilder, Skulpturen, Texte aus psychiatrischen Anstalten (ca.1890–1920), Ausstellungskatalog Kunstverein Heidelberg u. a., hrsg. von Inge Jarchov (d.i. Jádi), Hans Gercke, Königstein/Taunus 1980

Bettina Brand-Claussen, „Die ‚Irren' und die ‚Entarteten'. Die Rolle der Prinzhorn-Sammlung im Nationalsozialismus", in: *Von einer Wellt zu'r Andern. Kunst von Außenseitern im Dialog*, hrsg. von Roman Buxbaum, Pablo Stähli, Ausstellungskatalog DuMont Kunsthalle, Köln 1990, S. 143–150

Bettina Brand-Claussen, „Abschied vom Ursprünglichkeitsmythos oder: Kunst und Wirklichkeit in Werken der Prinzhorn-Sammlung", in: *Bild und Bildung. Kolloquium vom 20./21.10.1995 im Goethe-Institut Brüssel*, Brüssel 1996, S. 51–71

Inge Jádi, „Überlebenskunst weiblich", in: *Hysterie und Wahnsinn*, hrsg. von Silke Leopold und Agnes Speck (= Heidelberger Frauenstudien 7), Heidelberg 2000, S. 113–143

Thomas Röske, „‚Ich habe viel Anregung durch die Bilder einer Kranken'. E.L. Kirchner und das ‚Pathologische' in der Kunst", in: *Magazin des Kirchner-Museums Davos* 3 (2001), S. 25–32

Bettina Brand-Claussen, „Else Blankenhorn", in: *Wunderhülsen & Willenskurven. Bücher, Hefte und Kalendarien aus der Sammlung Prinzhorn*, Ausstellungskatalog Städtische Museen Jena und Sammlung Prinzhorn Heidelberg, Heidelberg 2002, S. 159

Christoph Mundt, „Psychopathology-First Edition 2002", in: *Psychopathology, International Journal of Descriptive and Experimental Psychopathology, Phenomenology and Psychiatric Diagnosis*, Jan.–Febr. 2002, S. 1–2

Doris Noell-Rumpeltes, „Else Blankenhorn – Vom Projekt der Versöhnung des Unversöhnlichen“, in: *Expressionismus und Wahnsinn*, Ausstellungskatalog Schloss Gottorf Schleswig und Sammlung Prinzhorn Heidelberg, hrsg. von Herwig Guratzsch, München u. a. 2003, S. 76 – 87

Thomas Röske, „‚Ist das nicht doch recht pathologisch?‘ – Kirchner und das ‚Kranke‘ in der Kunst“, in: *Expressionismus und Wahnsinn*, Ausstellungskatalog Schloss Gottorf Schleswig und Sammlung Prinzhorn Heidelberg, hrsg. von Herwig Guratzsch, München u. a. 2003, S. 156 – 163

Doris Noell-Rumpeltes, „Else Blankenhorn“, in: *Irre ist weiblich, Künstlerische Interventionen von Frauen in der Psychiatrie um 1900*, Sammlung Prinzhorn Heidelberg u. a., hrsg. von Bettina Brand-Claussen, Viola Michely, Ausstellungskatalog Sammlung Prinzhorn Heidelberg, Heidelberg [2004], 2. Aufl. 2009, S. 110 – 113, 254 – 255

Monika Ankele, *Alltag und Aneignung in Psychiatrien um 1900. Selbstzeugnisse von Frauen aus der Sammlung Prinzhorn*, Wien u. a. 2009

Thomas Röske, „Kunst und Außenseiterkunst im 20. Jahrhundert“, in: *KunstAußenseiterKunst*, hrsg. von Karin Dannecker und Wolfram Voigtländer, Berlin 2011, S. 11–23

Angela Fink, *Kunst in der Psychiatrie. Verklärt – verfolgt – vermarktet,* hrsg. von Johann Konrad Eberlein (Grazer Edition, Bd. 12), Berlin, Wien 2013, hier S. 36

Albert Daniels, Stefanie Dengler, Christian Estermann u. a., „Kunst als Therapie“, in: *Mittelpunkt. Deutsch als Fremdsprache für Fortgeschrittene*, Lehr- und Arbeitsbuch C1.1, Stuttgart 2013, hier S. 22

Doris Noell-Rumpeltes, „‚mit außerordentlich feinem Gefühl für die Farben‘. Ernst Ludwig Kirchner sieht Werke von Else Blankenhorn“, in: *Ungesehen und unerhört. Künstler reagieren auf die Sammlung Prinzhorn*, Bd. 1: Bildende Kunst, Film, Video, hrsg. von Ingrid von Beyme, Thomas Röske, Heidelberg 2013, S. 16 – 25

Karl-Ludwig Hofmann, „‚die ungenierte Verwendung jeglicher Mittel und Thematik‘. Walter Stöhrer und Arnulf Rainer zitieren Werke der Sammlung Prinzhorn“, in: *Ungesehen und unerhört. Künstler reagieren auf die Sammlung Prinzhorn*, Bd. 1: Bildende Kunst, Film, Video, hrsg. von Ingrid von Beyme, Thomas Röske, Heidelberg 2013, S. 138 – 147

Sabine Hohnholz, „‚Schabernak, Wut, Trauer und Angst‘. Eleonore von Recklinghausens Wette mit Hans Prinzhorn“, in: *Ungesehen und unerhört. Künstler reagieren auf die Sammlung Prinzhorn*, Bd. 1: Bildende Kunst, Film, Video, hrsg. von Ingrid von Beyme, Thomas Röske, Heidelberg 2013, S. 26 – 31

Doris Noell-Rumpeltes, „Moi, la Reine. Rettungsphantasien der Else Blankenhorn“, in: *Wahnsinn sammeln – Collecting Madness*, Bd. 2, Outsider Art aus der Sammlung Dammann, hrsg. von Gerhard Dammann und Monika Jagfeld, Ausstellungskatalog Sammlung Prinzhorn Heidelberg, Heidelberg 2013, S. 100 – 104

Doris Noell-Rumpeltes, „Rosen-Gesänge im Myrthengarten des Bellevue – Annäherungen an Notationen von Else Blankenhorn. Bearbeitungen von Ulrich Krieger, Philipp Siefert, Gérard Buquet und Matthias Lorenz“, in: *Ungesehen und unerhört. Künstler reagieren auf die Sammlung Prinzhorn*, Bd. 2: Literatur, Theater, Performance, Musik mit 4 CDs, hrsg. von Ingrid von Beyme, Thomas Röske, Heidelberg 2014, S. 120 – 133

Liane Wendt, „‚Anstalt, Kunst und Schmerz – Gefühlswelten ausgedrückt in Körperlichkeit‘. Ordnung durch Störung – Das Carlos Cortizo Tanzprojekt“, in: *Ungesehen und unerhört. Künstler reagieren auf die Sammlung Prinzhorn*, Bd. 2: Literatur, Theater, Performance, Musik mit 4 CDs, hrsg. von Ingrid von Beyme, Thomas Röske, Heidelberg 2014, S. 88 – 95

Das Wunder in der Schuheinlegesohle. Werke aus der Sammlung Prinzhorn, hrsg. von Kyllikki Zacharias, Ausstellungskatalog Sammlung Scharf-Gerstenberg, Nationalgalerie, Staatliche Museen zu Berlin und Sammlung Prinzhorn Heidelberg, Berlin 2014

Doris Noell-Rumpeltes, „Siegesfürst und Ehrenkönig“, in: *Krieg und Wahnsinn, Kunst aus der zivilen Psychiatrie zu Militär und I. Weltkrieg. Werke der Sammlung Prinzhorn*, hrsg. von Sabine Hohnholz, Thomas Röske, Maike Rotzoll, Ausstellungskatalog Militärhistorisches Museum Dresden und Sammlung Prinzhorn Heidelberg, Heidelberg 2014, S. 56 – 59

Christoph Klimke, „Else Blankenhorns ‚Geldscheine‘ vor 1900. Die Währung der Sehnsucht“, in: *100 Heidelberger Meisterwerke*, hrsg. von Carmen und Volker Oesterreich, Heidelberg u. a. 2017, S. 63

Psyche als Schauplatz des Politischen. Psyche and Politics, hrsg. von Johann Holten, Ausstellungskatalog Staatliche Kunsthalle Baden-Baden, Berlin 2019

Ingrid von Beyme, „Else Blankenhorn“, in: *Gewächse der Seele. Pflanzenfantasien zwischen Symbolismus und Outsider Art. Floral Fantasies Symbolism and Outsider Art*, hrsg. vom Wilhelm-Hack-Museum Ludwigshafen, Ausstellungskatalog, Berlin 2019, S. 128 – 133

Thomas Röske, Regula Gerber, „Wir schauen nicht mit dem ärztlichen Blick auf diese Werke. Thomas Röske im Gespräch mit Regula Gerber“, in: *Du. Psychiatrie und Kunst*, Zürich, Juni 2019, S. 50 – 75

Doris Noell-Rumpeltes, „Else Blankenhorn: Patientin erster Klasse“, in: *Einführung in die Sammlung Prinzhorn*, hrsg. von Ingrid von Beyme, Thomas Röske, Heidelberg 2020, S. 30 – 31

Zu den Autoren

Ingrid von Beyme, geb. 1962 in Ulm/Donau, Dr. phil., Kunsthistorikerin, seit 2009 Kuratorin und stellvertretende Leiterin der Sammlung Prinzhorn Heidelberg

Sabine Hohnholz, geb. 1959 in Görlitz, M.A., Kunsthistorikerin, seit 1986 Mitarbeiterin für wiss. Dokumentation/Archiv der Sammlung Prinzhorn Heidelberg

Sabine Kuehnle, geb. 1968 in Brackenheim, freie Künstlerin, Studium in Mainz, Saarbrücken und London, Artist in Residence u. a. in Ungarn, Finnland und Norwegen, Atelier in Frankfurt/Main

Frédéric Letellier, geb. 1969 in Caen (Normandie), freier Künstler, seit 2018 auch Ausstellungsgestalter am Markgräfler Museum, Studium an der Sorbonne Paris und in Strasbourg, Atelier in Müllheim/Baden

Jan Merk, geb. 1964 in Basel (Schweiz), Historiker, seit 2002 Leiter des Markgräfler Museums, Kulturdezernent der Stadt Müllheim/Baden, Lehraufträge an der Universität Freiburg i. Br., seit 2014 Präsident des Museumsverbandes Baden-Württemberg

Doris Noell-Rumpeltes, geb. 1949 in Weilburg, Kunsthistorikerin, seit den 1980er-Jahren für die Sammlung Prinzhorn aktiv, seit 2003 Leiterin des Hans-Prinzhorn-Archivs in der Sammlung Prinzhorn Heidelberg, verstorben am 18. Februar 2021 in Heidelberg

Thomas Röske, geb. 1962 in Reinbek, PD Dr. phil., Kunsthistoriker, seit 2002 Leiter der Sammlung Prinzhorn Heidelberg, Lehraufträge an den Universitäten Heidelberg und Frankfurt/Main, seit 2012 Präsident der European Outsider Art Association

Dank

Für die Ermöglichung der Ausstellung, kuratiert von Doris Noell-Rumpeltes, Ingrid von Beyme und Jan Merk, geht ein herzlicher Dank an das Team der Sammlung Prinzhorn mit dem wissenschaftlichen Leiter Thomas Röske, Eva Fastenau und Torsten Kappenberg (Restaurierung, Rahmung, Transportbegleitung), Sabine Hohnholz (Dokumentation), Friederike Rauch (Öffentlichkeitsarbeit) und Ingrid Litzinger (Administration).
Ebenso an das Markgräfler Museum im Blankenhorn-Palais mit Frédéric Letellier (Ausstellungsgestaltung mit Andrea Eberle, Grafik), Markus Eisen (Sammlung), Gabriele Hugenschmidt (Administration/Öffentlichkeitsarbeit), Dieter Sichler (Auf- und Abbau) sowie mit dem Team im Besucherservice.
Ein besonderer Dank geht an die Familie Blankenhorn, die durch großzügige Schenkungen und Dauerleihgaben die Sammlung des Markgräfler Museums neben dort getätigten gezielten Ankäufen wesentlich bereichert hat, namentlich an Bernhard Blankenhorn (Berlin), Thomas Blankenhorn (Frankfurt/Main), Karin Blankenhorn-Hartig (Schliengen), Renate Blankenhorn-Lüngen (Öhningen) und Dr. Hermann Blankenhorn (Allmendingen) sowie an Hannah Warth, Iris Hiort, Verena Pennachio-Fünfgeld und Prof. Dr. Hans Boldt aus Müllheim/Baden.
Für die sorgfältige Herstellung des Katalogbuchs danken wir dem modo Verlag Freiburg i. Br. mit dem Verleger Dieter Weber sowie Werner Nübling und Katharina Gewehr.

Impressum

Diese Publikation erscheint anlässlich der Ausstellung

Eigensinnige Welten.
Die Malerin Else Blankenhorn (1873–1920)

Markgräfler Museum im Blankenhorn-Palais Müllheim/Baden
in Kooperation mit der Sammlung Prinzhorn Heidelberg

Herausgeber
Jan Merk

Redaktion
Jan Merk in Verbindung mit Ingrid von Beyme und
Thomas Röske

Gestaltung
Dieter Weber, Werner Nübling

Autoren
Ingrid von Beyme, Sabine Hohnholz, Sabine Kuehnle, Frédéric Letellier, Jan Merk, Doris Noell-Rumpeltes, Thomas Röske

Lektorat
Katharina Gewehr, Frankfurt a. M.

Gesamtherstellung
modo Verlag Freiburg i. Br.

Die Deutsche Nationalbibliothek verzeichnet diese
Publikation in der Deutschen Nationalbibliografie:
http://dnb.dnb.de abrufbar.

modo Verlag GmbH Freiburg i. Br.
www.modoverlag.de

Printed in Germany
ISBN 978-3-86833-305-3

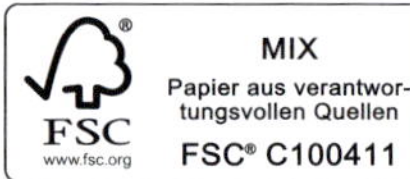

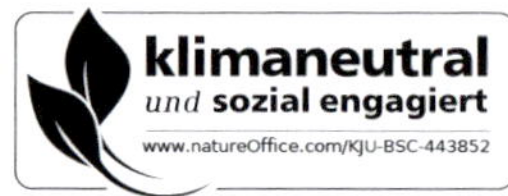

Der Badische Gemeindeversicherungsverband BGV hat freundlicherweise aufgrund der pandemiebedingten Laufzeit-Verlängerung auf einen Teil der Versicherungskosten verzichtet.

Mit großzügiger Unterstützung von

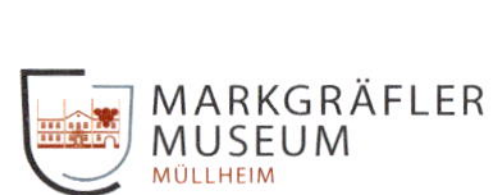

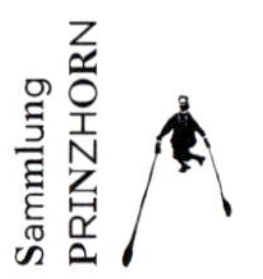

Markgräfler
Museumsverein
Müllheim e.V.

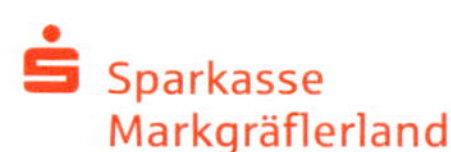

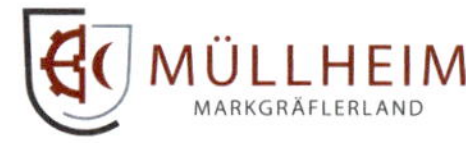